伊莉莎白女王的世界足跡地圖

這張地圖記錄了伊莉莎白女王待過的地方與發生過的事。

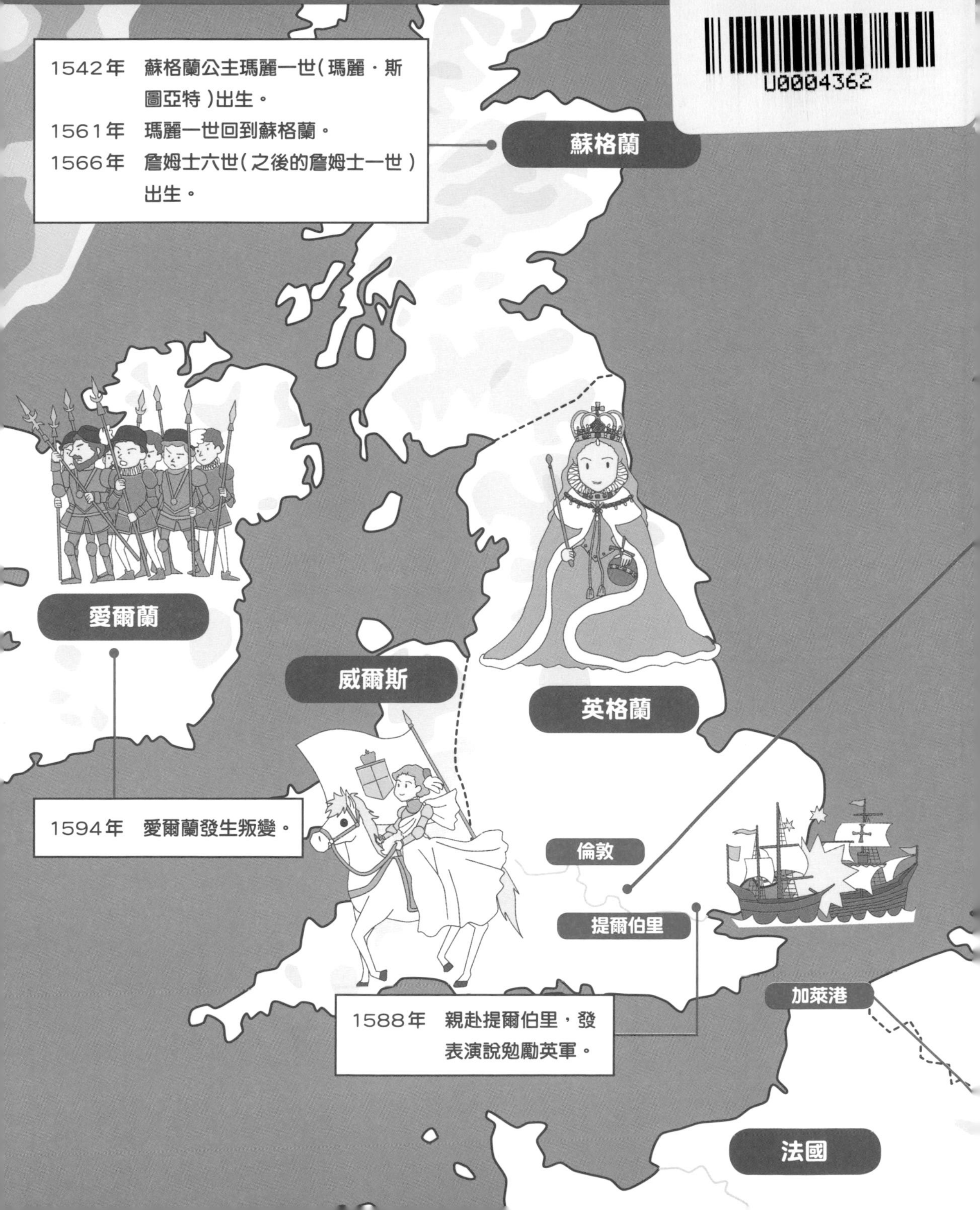
1542年　蘇格蘭公主瑪麗一世（瑪麗・斯圖亞特）出生。
1561年　瑪麗一世回到蘇格蘭。
1566年　詹姆士六世（之後的詹姆士一世）出生。
蘇格蘭
愛爾蘭
1594年　愛爾蘭發生叛變。
威爾斯
英格蘭
倫敦
提爾伯里
1588年　親赴提爾伯里，發表演說勉勵英軍。
加萊港
法國

漫畫：迎夏生（Mukai Natsumi）

漫畫家。著有《漫畫版幸運騎士》、《精靈天使》、《迎夏生作品集～極東平原～》、《+ANIMA 幻獸天使》、《奪寶奇俠》（電擊COMICS）、《Nui！布偶軍團》（CR COMICS）等。小說插畫除了《幸運騎士》之外，還有《天才偵探　拓爾》（深澤美潮著／POPLAR COLORFUL文庫）。

監修：石井美樹子（Ishii Mikiko）

1971年完成津田塾大學研究所博士課程，赴英國劍橋大學研究中世紀英國文學與戲劇，現為神奈川大學教授，也是文學博士。
主要著作有《文藝復興的女王伊莉莎白》、《歐洲的王妃》、《聖母的文藝復興：瑪利亞畫作解密》、《伊莉莎白：華麗的孤獨》等書。

漫畫版 世界偉人傳記 系列

★最新漫畫易讀版★相關領域專業人士監修★

用**有趣生動**的漫畫偉人傳記，激發孩子的**閱讀興趣**！

圖文並茂，認識偉人生平的同時，也讓孩子自然學會**良善特質**！

① 創新！
愛迪生
點亮全世界的
發明大王

② 熱情！
貝多芬
克服耳聾殘疾的
偉大音樂家

③ 挑戰！
萊特兄弟
實現人類翱翔天空
的夢想

④ 毅力！
居禮夫人
第一位女性諾貝爾
獎得主、物理化學
雙得主

⑤ 仁愛！
南丁格爾
奉獻一生的
戰地護理天使

⑥ 和平！
諾貝爾
創立人類社會最高
榮譽獎項的火藥之王

⑦ 膽識！
伊莉莎白
女王一世
締造日不落帝國的
榮光女王

漫畫版
世界偉人傳記
⑦

伊莉莎白女王 一世

漫畫：迎夏生　監修：石井美樹子

漫畫版 世界偉人傳記⑦

伊莉莎白女王一世

目錄

增長見聞的學習教室

※本書是參考歷史文獻改編而成的漫畫作品。

登場人物介紹

伊莉莎白女王

讓英國成為繁盛強國的偉大女王。統一國內的宗教，整頓混亂的經濟。為了守護國家與國民，選擇終身未婚。

威廉·塞西爾

伊莉莎白女王的心腹，擔任諮詢意見的國務大臣。自伊莉莎白女王即位後，在她身邊輔佐了四十年的時間。

羅伯特·達德利

伊莉莎白女王的青梅竹馬，常伴伊莉莎白女王身邊，後來受封為萊斯特伯爵。

法蘭西斯·德瑞克

伊莉莎白女王認可的海盜，成功航行世界一周。在格瑞福蘭海戰表現優秀，帶領英國贏得勝利。

羅伯特·塞西爾

威廉．塞西爾的兒子。代替退休的父親協助伊莉莎白女王治理國家。後來也盡心盡力輔佐伊莉莎白女王的繼承人詹姆士一世。

瑪麗·斯圖亞特

亦稱瑪麗一世（蘇格蘭），伊莉莎白女王的表姪女。雖然已是蘇格蘭女王，卻還想成為英國女王。因為參與伊莉莎白女王的暗殺計畫，遭到處死。

瑪麗一世

伊莉莎白女王的姊姊。和西班牙國王腓力二世結婚，但沒有生下子嗣。過世前將王位交給伊莉莎白女王。

腓力二世

西班牙國王，瑪麗一世的丈夫。與伊莉莎白女王是對立的關係，覬覦英國王位。狂熱的天主教信徒。

序章　加冕禮

女王陛下萬歲！
伊莉莎白女王！

伊莉莎白女王萬歲!!
各位親愛的國民啊！
我會努力成為優秀的女王。

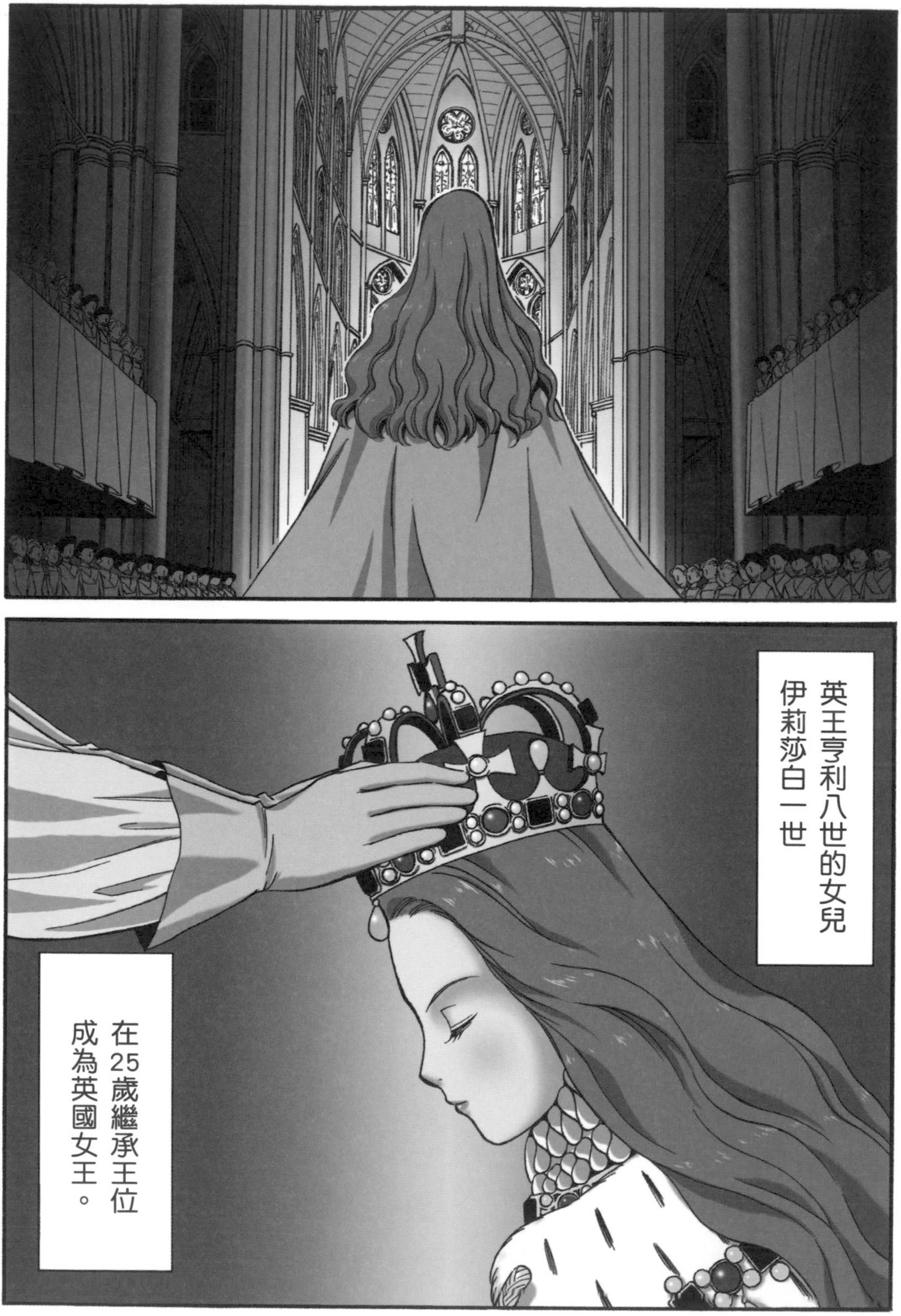
英王亨利八世的女兒
伊莉莎白一世
在25歲繼承王位
成為英國女王。

伊莉莎白女王做了哪些事，讓英國變得如此繁盛強大呢？

第1章　英王之女伊莉莎白

一五三三年
英國
快步
向前
英王
亨利八世
安妮！
推開門
你生了男孩嗎？
是王子對嗎？
陛……
陛下……
安妮・博林

王……
王后生下的是公主……
……！
為了娶你，我不惜離婚。
可是，天主教會※1不允許離婚這種事。
所以，我解散天主教會，創立了英國國教會※2！
這都是因為，我以為你會生下王子啊！
結果你生了公主？
陛……陛下！

※1 由羅馬教宗領導的基督教會。

※2 由英王領導，英國自創的教會。

我……我會生下王子的！
我一定會！
陛下！
當時生下的公主取名為伊莉莎白。

之前的王后生下的也是公主。
可是，英王代代都是男人。
無論如何我必須得到繼承王位的王子才行！
我要能夠生下王子的妻子！
於是，亨利八世以莫須有的罪名讓安妮變成罪人。
我到底犯了什麼罪？
我……我是無辜的!!
神啊！
請祢保護我的女兒伊莉莎白!!
唰
一五三六年安妮．博林被斬首處決。

嗚～媽媽～
哀傷
拭淚
小聲說
聽說伊莉莎白公主被剝奪了王位繼承權喔。
是喔……
伊莉莎白的姊姊
瑪麗一世
當初我的母親被迫放棄后位時，我也被剝奪了王位繼承權……
現在伊莉莎白和我是相同的處境了。
過沒多久，亨利八世和珍·西摩結婚——
然後，
是王子！
你的名字就叫愛德華喔!!

後來，珍・西摩過世，還想獲得王子的亨利八世又結了幾次婚，
但他終究只得到愛德華這個王子。
愛德華和伊莉莎白感情融洽。
愛德華！
姊姊快過來♪

敬禮
伊莉莎白公主，初次見面您好。
我是羅伯特・達德利。
這位是達德利子爵※的兒子。
他是愛德華王子的學伴。
他送了小馬給我！
小聲說
其實我是陪玩的人啦。
！
啊哈哈哈……

※貴族的階級，五等爵位（公、侯、伯、子、男）之中的第四等。

一五四三年
爸爸又結婚了……已經是第六個太太了。
唉……
伊莉莎白公主！
自從婚禮見過面後，這是第一次見面呢。
第六任王后凱薩琳．帕爾是開朗溫柔的女性。
陛下，請您恢復瑪麗公主和伊莉莎白公主的王位繼承權吧。
除了愛德華王子，能夠為陛下延續血脈的孩子只剩她們兩位了。
嗯……既然你那麼說的話。

瑪麗公主，今天天氣很好，我們去外面散步吧。
啊……好。
伊莉莎白公主、愛德華王子，可以告訴我你們今天做了什麼嗎？
她好慈祥……
就像真正的母親一樣……
因為凱薩琳王后的關愛，
三個孩子終於感受到家庭的溫暖。

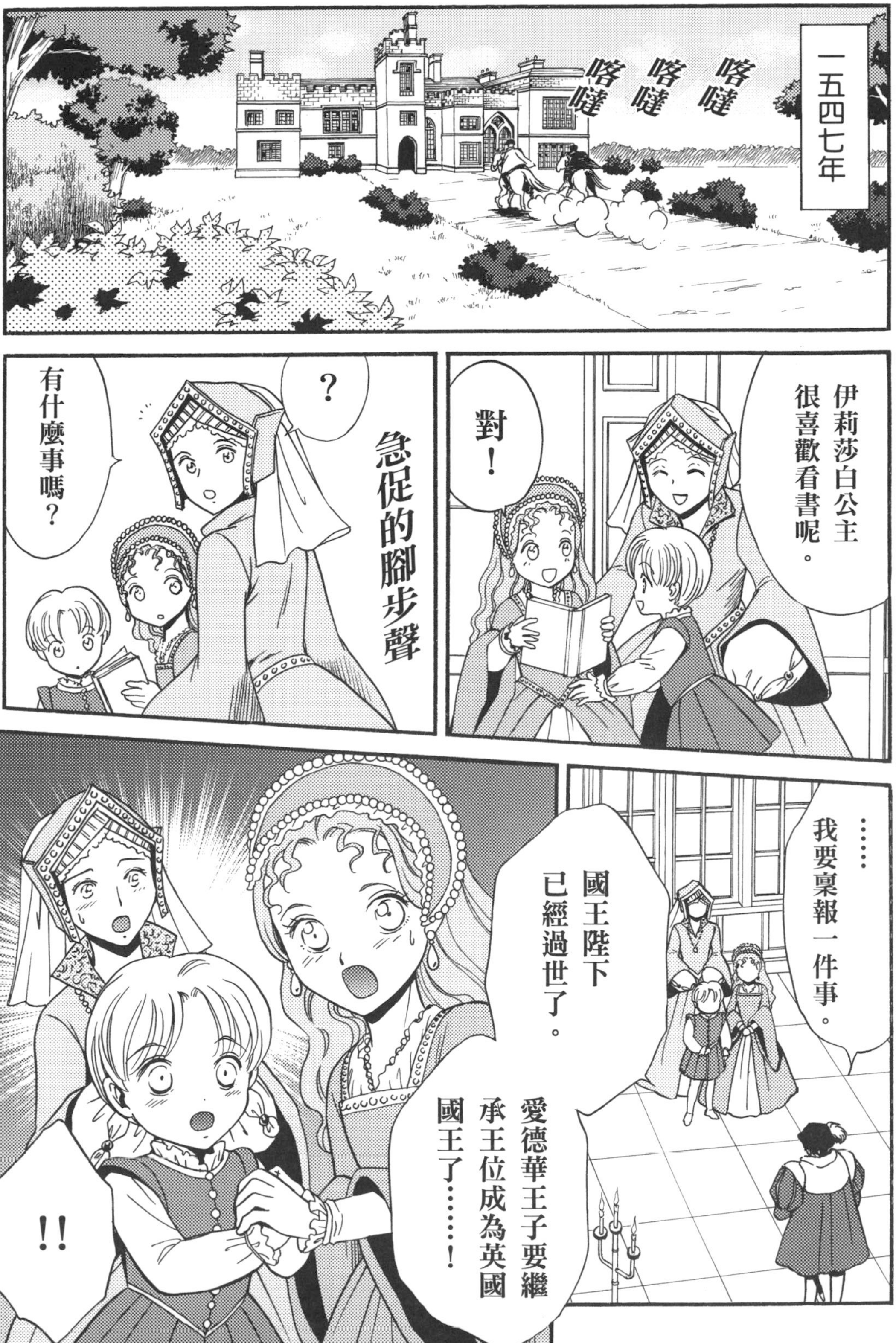
一五四七年
喀噠 喀噠 喀噠
伊莉莎白公主很喜歡看書呢。
對！
急促的腳步聲
？
有什麼事嗎？
……我要稟報一件事。
國王陛下已經過世了。
愛德華王子要繼承王位成為英國國王了……！
!!

愛德華王子即位，
成為新任國王。
愛德華才九歲，
年紀還那麼小，
而且他身體不好，
這樣真的沒問題嗎
……？
羅伯特！
你追得上
我嗎？
伊莉莎白，
我現在就過去！
快速
奔馳

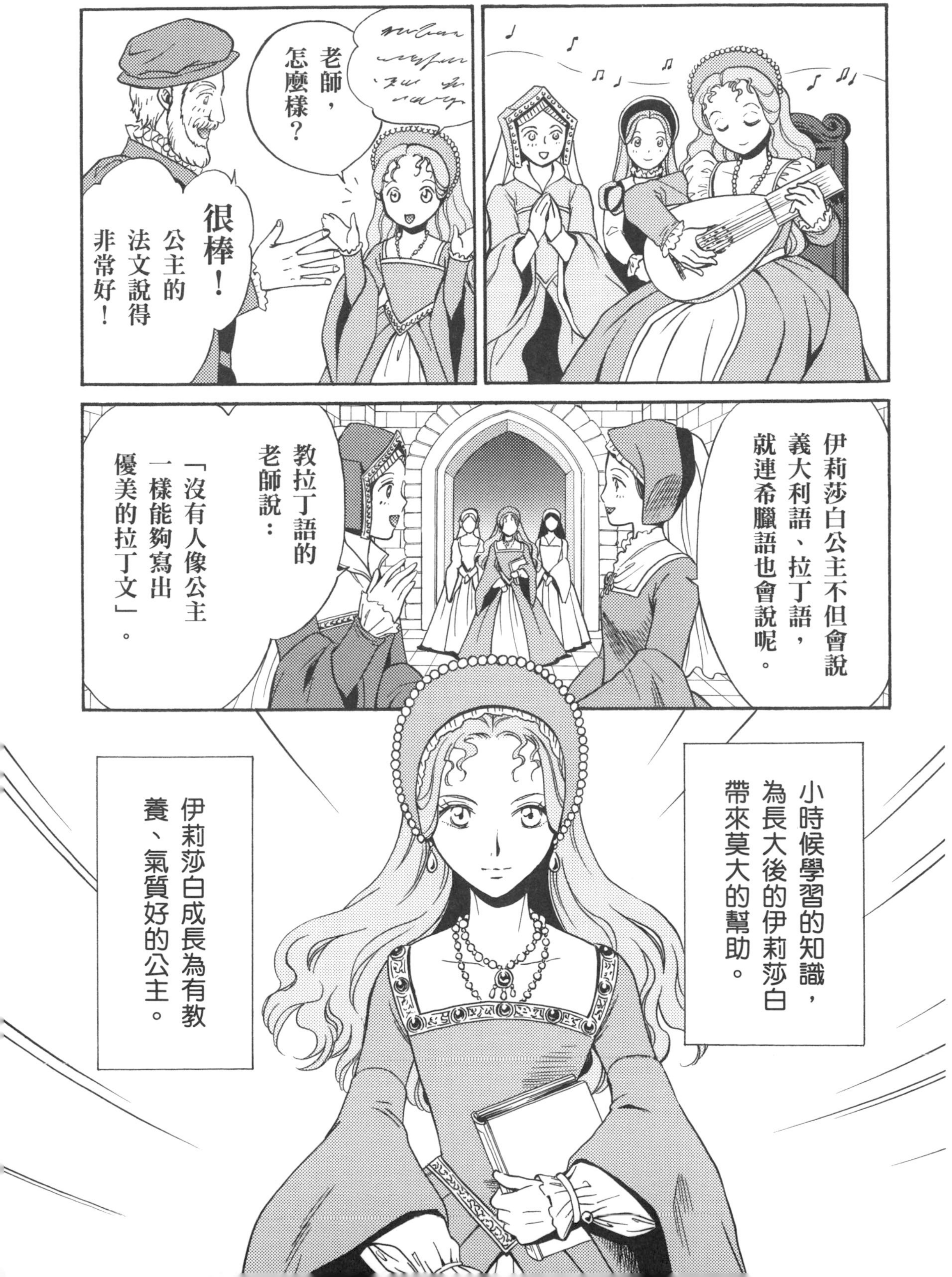

老師，怎麼樣？
很棒！公主的法文說得非常好！
伊莉莎白公主不但會說義大利語、拉丁語，就連希臘語也會說呢。
教拉丁語的老師說：「沒有人像公主一樣能夠寫出優美的拉丁文」。
小時候學習的知識，為長大後的伊莉莎白帶來莫大的幫助。
伊莉莎白成長為有教養、氣質好的公主。

一五五三年
七月六日
你剛剛說什麼？
愛德華過世了……？
陛下的感冒後來惡化了……
天啊！
愛德華還那麼年輕啊！
愛德華六世年僅16歲便辭世。
因此，他的姊姊瑪麗一世即位成為英國女王。

女王陛下萬歲！
萬歲！
女王陛下，恭喜您！
伊莉莎白……！
你已經長那麼大啦。
伊莉莎白公主實在是太美麗了……！
竊竊私語
好美…
不但人美，舉止又溫婉優雅，
真是一位完美的公主。
心驚
伊莉莎白竟然那麼受到歡迎……
她是危險的存在……！

女王陛下要和西班牙王子腓力二世結婚？
女王陛下原本就是很虔誠的天主教徒，
所以她想利用天主教大國西班牙當作她的後盾。
議論
紛紛
騷動
這麼一來，我們國家會不會被西班牙統治啊……？
國民之中有些人是※新教徒耶。
明明都是基督教卻在鬧內鬨。
外面有傳聞說，因為反對女王陛下結婚，新教徒正在策畫發動叛亂。
姊姊不要緊吧？

※以《聖經》為信仰依據的基督教徒。

一五五四年
女王和西班牙王子不可以結婚！
只有伊莉莎白公主才是英國的女王！
對～
托馬斯・懷亞特發動叛亂？
他們一群人正衝往倫敦！
這群可惡的新教徒！
快點鎮壓※他們!!
叛亂被鎮壓了，
許多新教徒遭到處死。
伊莉莎白公主有協助懷亞特發動叛亂的嫌疑，
請跟我走！

※動用武力平息騷動。

我絕對不會做出危害女王陛下和這個國家的事！
請讓我和陛下見面！我要當面向她澄清誤會。
不管她說什麼都沒用。
快把伊莉莎白關進倫敦塔！
人們都說，一旦關進倫敦塔就很難活下去。

我可能會死在這裡。
伊莉莎白公主，請跟我們走。
……
……伊莉莎白公主？
雖然我是囚犯，但我不是罪人。
我來這裡只是遵從女王陛下的命令。
請你們務必記住這件事。
好的！
轉頭

我的天啊……怎麼讓公主住這種破房間。
哭哭啼啼
公主太可憐了……
不准哭！
不要說喪氣話！
我是清白的。
姊姊一定會明白我沒有做錯事。
我們做了許多調查，都沒有找到伊莉莎白公主協助叛亂的證據。
……
假如處死她，恐怕會引起國民的反彈……
好啦！我知道了!!

兩個月後，伊莉莎白在被監視的狀態下獲釋。
我終於活著離開倫敦塔。
這都是神的保佑。
今後我的一言一行都攸關性命。
這是身為王族的宿命……
一五五四年七月瑪麗女王和腓力王子結婚了。
女王陛下，恭喜您結婚了！
恭喜兩位，祝你們幸福！

與西班牙結盟的瑪麗女王，打算將英國的宗教恢復成天主教，
接連處死反對天主教的新教徒。
這麼做太過份了。
嫁給西班牙人就變得那麼囂張……
噓！
民眾開始對我產生不信任感了……
等我生下繼承王位的孩子……
就能安心了……
可是，
她的丈夫腓力王子即位為王，獨自回到西班牙了。

過了一段時日，瑪麗女王罹患重病。
女王陛下！
請您指定王位繼承人……！
陛下！
雖然覺得不甘願，也只能把王位交給妹妹伊莉莎白了……
呼吸急促
喀噠
喀噠
喀噠

公主你看，是從王宮來的使者。
難道是……
伊莉莎白公主
女王陛下已經過世了……
請您……
收下這枚象徵王權的戒指。
曾經被當作囚犯關進倫敦塔的我——
如今收下這枚戒指……

這是神創造的奇蹟。
一五五八年十一月，伊莉莎白即位成為英國女王——
此後，伊莉莎白的人生朝著女王之路邁進。

第2章　伊莉莎白女王

※女王諮詢意見的官員。

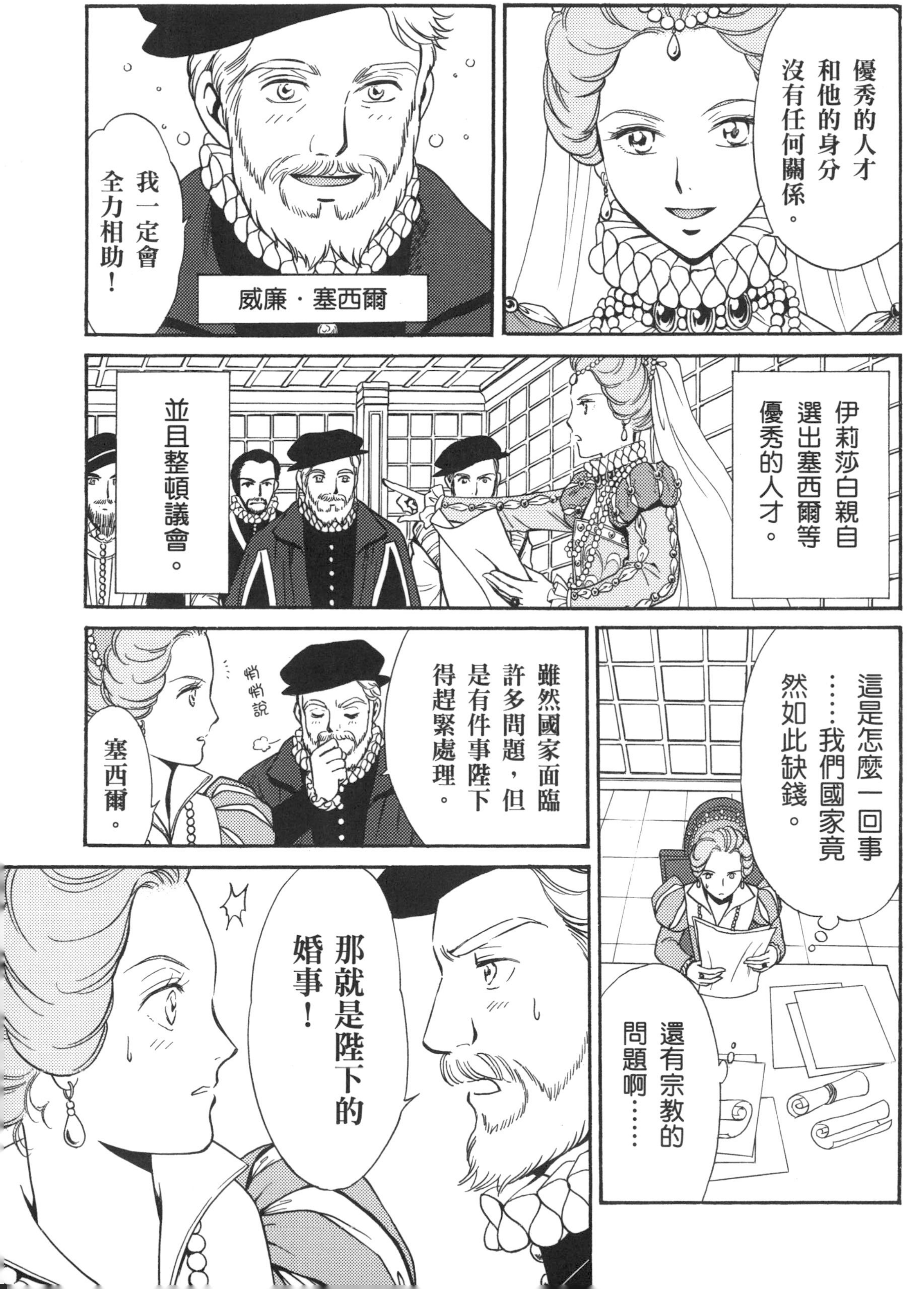
優秀的人才和他的身分沒有任何關係。
我一定會全力相助！
威廉・塞西爾
伊莉莎白親自選出塞西爾等優秀的人才。
並且整頓議會。
這是怎麼一回事……我們國家竟然如此缺錢。
還有宗教的問題啊……
雖然國家面臨許多問題，但是有件事陛下得趕緊處理。
悄悄說
塞西爾。
那就是陛下的婚事！

與外國王族結婚具有強化、保護國家的用意。
英國只是小小的島國，必須與大國結盟才行。
蘇格蘭
愛爾蘭
英國
低地國
神聖羅馬帝國
法國
西班牙
啟稟女王，其實，
西班牙的腓力國王已經提出聯姻的請求。
腓……
你是說腓力嗎？
那個人不就是瑪麗姊姊的前夫嗎！
姊姊才過世沒多久，他居然提出這種請求！
氣炸
陛下……
可是，結盟之後，西班牙就不會與我們為敵。

如果我和西班牙的腓力國王結婚，我想國民們都不會開心。
過去的壓迫會引起國民的反彈。
您說的是。
國會議員也紛紛催促伊莉莎白考慮結婚的事。
女王陛下請您趕快結婚吧！
快生下繼承人！
……
各位議員對於我和這個國家的憂心，我都明白。
這番心意我很感激。
暗喜

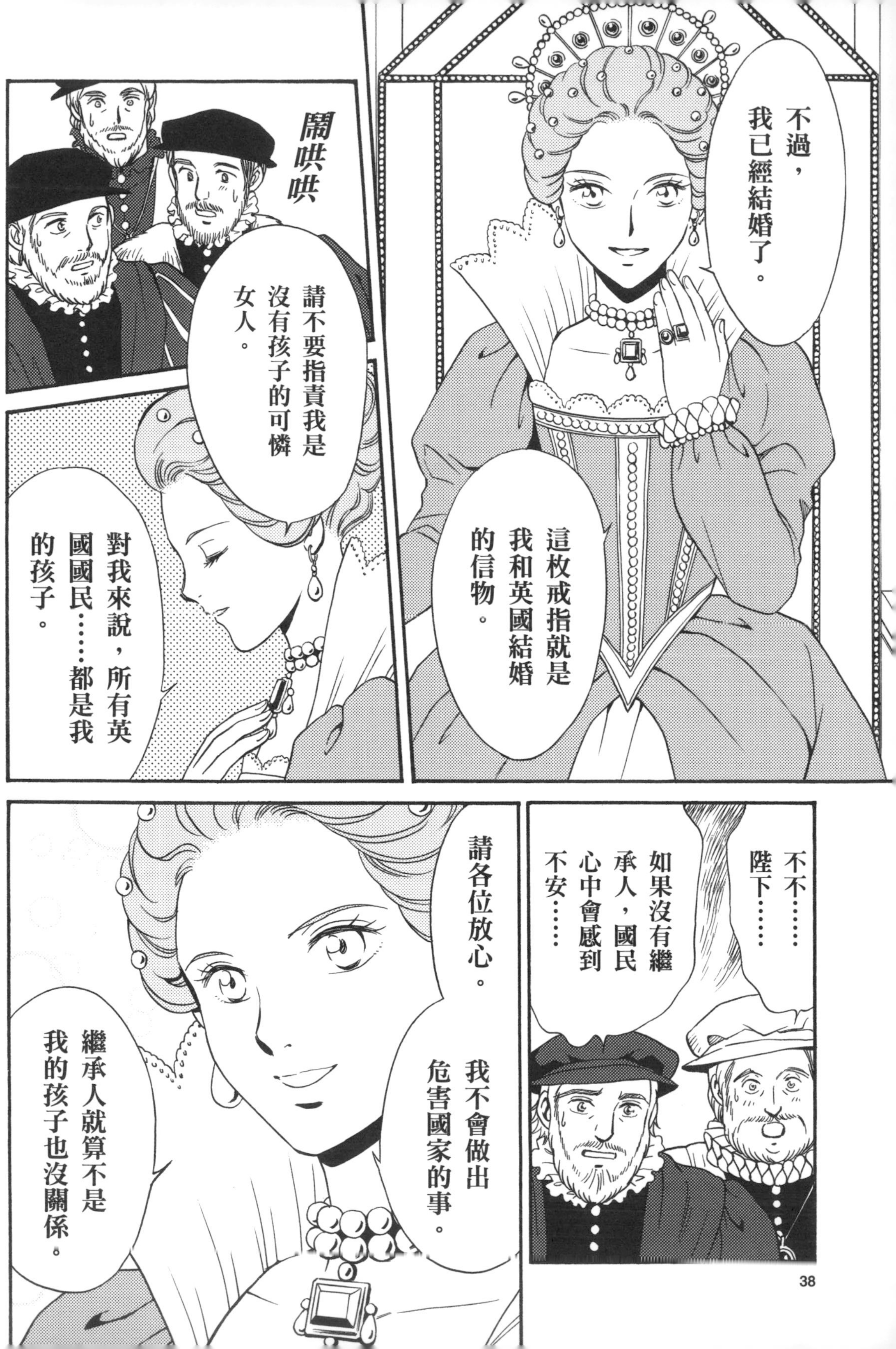
不過，我已經結婚了。
這枚戒指就是我和英國結婚的信物。
鬧哄哄
請不要指責我是沒有孩子的可憐女人。
對我來說，所有英國國民……都是我的孩子。
不不……陛下……
如果沒有繼承人，國民心中會感到不安……
請各位放心。
我不會做出危害國家的事。
繼承人就算不是我的孩子也沒關係。

這樣……真的好嗎？
七嘴
八舌
她是認真的嗎……
隔天
西班牙大使先生，勞煩您過來真的很抱歉……
我不是天主教徒。
我想，我和腓力國王結婚的事，羅馬教宗是不會允許的。
請您放心，我們會想辦法取得允許！
這怎麼行，千萬不要那麼做。這件事就當沒提過吧。
英國那個弱小的國家，竟敢拒絕我的婚事，豈有此理！
西班牙國王
腓力二世
伊莉莎白這女人……！

女王陛下，奧地利大公卡爾向您提出結婚的請求！
法國的王子也是！
瑞典國王艾利克派了使者前來求婚！
只看肖像畫，我無法決定。
要是卡爾大公來訪，您會答應他的求婚嗎？
我現在還沒有結婚的打算。
倘若有神的指示，我就會立刻結婚。
伊莉莎白對於各國的求婚，總是給予避重就輕的答覆。
她那麼做是想讓對方打消念頭。

只要我保持單身，
就能保護國家不被攻擊。
就算是和英國的人結婚，也會發生問題。
我的婚事必須慎重處理，絕對不能危害到這個國家。
伊莉莎白女王
抱著這樣的想法，下定決心終身未婚。

愛德華國王的時代是新教，
瑪麗女王的時代是天主教。
現在我國已有兩教的信徒，彼此互不相容。
天主教認為，神與信徒之間有神父或聖人的存在。
羅馬教宗是最偉大的人。
請各位捐款，
這麼做就能赦免你的罪。
他們被視為神的代理人。
另一方面，新教則是相信，
上帝之前，人人平等！
※聖經裡沒有提到必須捐款。
即使沒那麼做，有虔誠的心已經足夠。
聖經的解釋是依照個人的自由心證。

※記錄上帝教誨的書。

不如恢復新教吧？
那麼做等於是和天主教的西班牙及法國為敵啊！
可是，天主教有壓迫國民的疑慮。
……
那麼你說怎麼辦才好！
各位安靜！
呃
那就恢復我父親創立的英國國教會吧！
不是新教也不是天主教的教會！

議會
往後禁止在公共場所舉行天主教的彌撒。
不過，聖經可以使用拉丁文或英文。
這是褻瀆神的行為！
天主教也是一種基督教啊！
新教不認同天主教的存在！
沒錯沒錯！
你說什麼！天主教才是正統的宗教!!
吵鬧
爭論不休
現在已經不是瑪麗女王的時代了！
各位議員請聽我說！
嚇到
繼續這樣爭吵下去，這個國家就會分裂。
我們信仰的是相同的神！

各位請靜下心想一想。
為了英國的國民，為了國家的和平與穩定，
希望各位能夠認同這個《禮拜統一法》※。
《禮拜統一法》是統一國內禮拜儀式的法律。
新女王好親民喔。
她都優先考慮國民的事呢！
不能強制改變人們的心。
無論禮拜是以怎樣的形式舉行，人心都是自由的。
最後，伊莉莎白女王的心願實現了。

※又稱一五五八年單一法令，並於隔年通過。

這些錢是什麼？
這是我國以前和現在的錢幣。
現在的錢幣比較輕耶。
怎麼會這樣？
格雷沙姆你來說明。
是。
比較輕是因為金或銀的含量較少。
同樣的一英鎊※當中，也有品質不好的錢幣。
英國王室財政代理人
托馬斯・格雷沙姆
在先王的時代為了增加國家的貨幣，
用少量的金銀製造大量的錢幣。
國家的錢不夠。
把一英鎊的金做成二英鎊的錢幣！
因此產生多餘的黃金！

※英國貨幣的單位。

外國對貨幣的價值是以金或銀的量來決定。
我想用英鎊買那桶酒。
英鎊～～～？
那你得付這麼多才行！
因此，用品質差的英鎊購買國外的物品，必須花更多錢。
所以進口的食物價格升高，人民叫苦連天。
什麼！
我們必須恢復英鎊的信用！
趕緊製造品質好的錢幣！
是！
於是，英國的經濟變得繁榮穩定。

第3章　蘇格蘭女王瑪麗一世

這裡還有一位女王。
法國
伊莉莎白是英國女王？

我也有英國王室的血統啊！
蘇格蘭女王瑪麗一世（瑪麗·斯圖亞特）和法國王子法蘭索瓦二世結婚，
蘇格蘭
愛爾蘭
英國
法國
成為法國的王妃。

英國女王是我才對！
陛下！你快派法軍去英國，把伊莉莎白趕走。
好主意！這麼一來，我們就是三個國家的國王和女王了！
來勢洶洶
！
法軍來英國了？

法軍說是為了鎮壓在蘇格蘭發生的新教叛亂，其實真正的目標是英國啊！
叛軍向我們請求支援。
陛下！我們不能坐以待斃。請下令出兵吧！
等一等！
我不想發動戰爭。
陛下!!
英國現在哪有錢打仗……
戰爭會讓英國損失慘重。
再拖下去，瑪麗女王的詭計就會得逞，這樣真的沒關係嗎？
陛下，請您做出決定！
……

衝啊
握拳
……立刻派軍隊前往蘇格蘭！
擊退法軍！
這場仗是為了保護英國！

經過一番激烈對戰後，法國主動求和。
塞西爾！
請你立刻進行和平談判！
趕緊結束這場戰爭吧！
是的陛下！
一五六〇年
英國和蘇格蘭締結了「愛丁堡條約」。
「往後法國和英國皆不可入侵蘇格蘭。」
「蘇格蘭女王瑪麗一世不得自稱英國女王。」
太好了！
這下子至少能維持短暫的和平。
放鬆

你說什麼！
瑪麗獨自回到蘇格蘭？
因為她的丈夫法蘭索瓦二世過世了……
……
希望別發生什麼不好的事。
真令人擔心
一五六二年
陛……陛下？
您怎麼了，哪裡不舒服嗎？
陛下！
喘
喘

喘不過氣
呼吸困難
發高燒
女王陛下她……
得了天花※？
震驚
女王陛下染上天花，說不定會死……
議論紛紛
騷動
她沒有孩子，繼承人會是誰啊？
亨利七世的血脈是凱薩琳・格雷對吧。
不，等等！說到血脈，應該是蘇格蘭女王瑪麗一世才對吧。
鬨哄哄
王位繼承人是很重要的事，我們必須慎重討論。
鬨哄哄
※當時是死亡率很高的疾病。

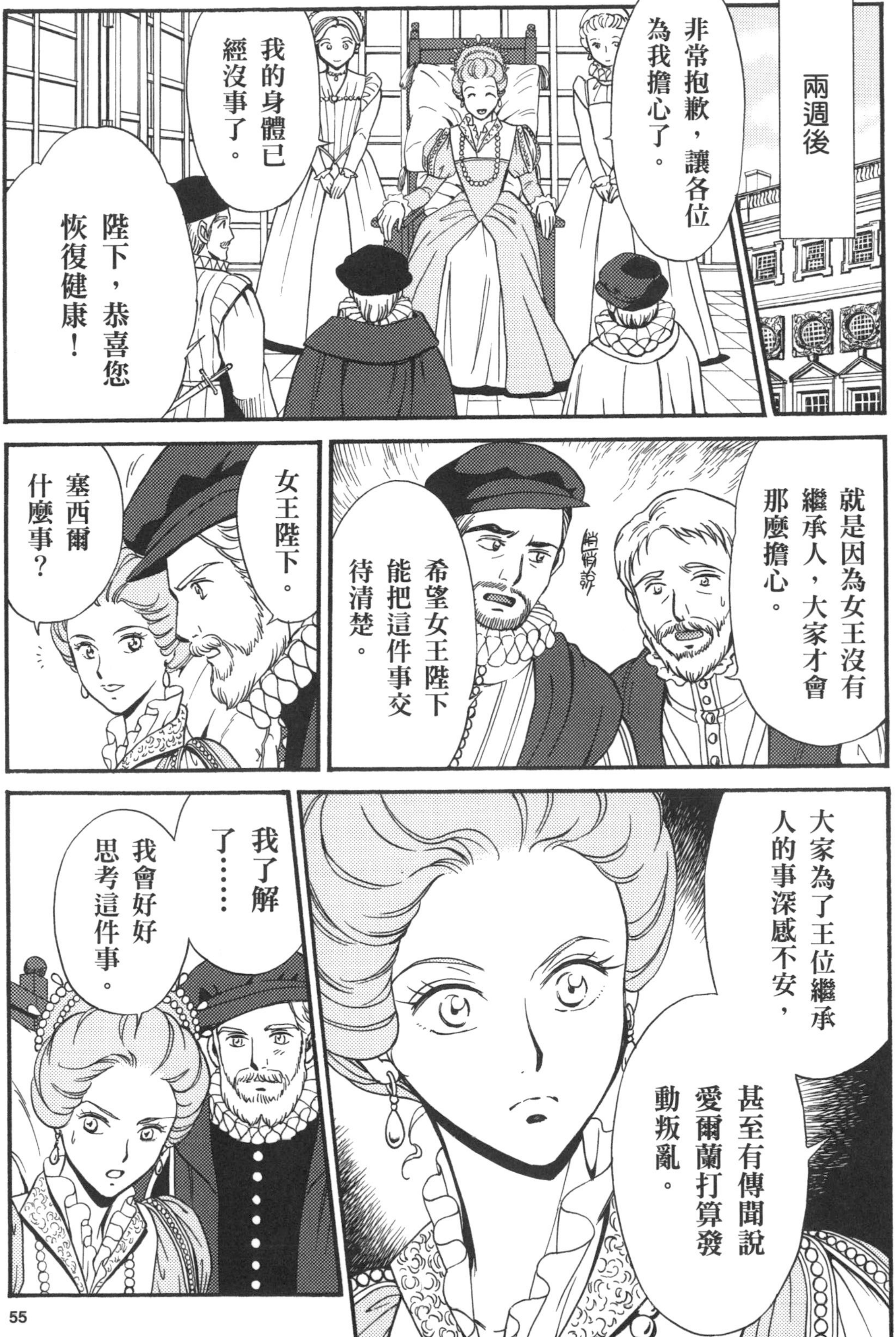
兩週後
非常抱歉，讓各位為我擔心了。
我的身體已經沒事了。
陛下，恭喜您恢復健康！
就是因為女王沒有繼承人，大家才會那麼擔心。
希望女王陛下能把這件事交待清楚。
女王陛下。
塞西爾什麼事？
大家為了王位繼承人的事深感不安，
甚至有傳聞說愛爾蘭打算發動叛亂。
我了解了……
我會好好思考這件事。

當時被英國統治的愛爾蘭，
蘇格蘭
愛爾蘭
英國
時常發生叛亂。
為了鎮壓愛爾蘭的叛亂，我們花太多錢了。
叛軍的領導歐尼爾伯爵已經發誓要效忠於我啊！
關於那件事，我聽到一件不好的消息……
什麼事？
歐尼爾伯爵要和瑪麗女王聯手。
和瑪麗？

伊莉莎白派出軍隊平息了這場叛亂。
愛爾蘭居然和蘇格蘭聯手。
今後要嚴密提防。
一五六五年
女王陛下！
女王陛下！有消息說瑪麗女王要和達恩利勳爵結婚！
你說什麼？
這下糟了！
達恩利勳爵也有英國的王位繼承權。
假如他們結婚，就會強化繼承權。

對了！
為了阻止他們結婚，我要讓她嫁給萊斯特伯爵※！
咦？
這麼一來，我就能指定下一任王位繼承人！
伊莉莎白，不可以這麼做！
可是，我又不能和你結婚!!
蘇格蘭
萊斯特伯爵是伊莉莎白很中意的家臣，不是嗎！
氣呼呼
要我嫁給那種人，太失禮了吧!!
最後，瑪麗女王還是和達恩利勳爵結了婚，
生下蘇格蘭王子詹姆士。
但，達恩利勳爵沒多久就遭到謀殺。

※就是羅伯特・達德利。

一五六八年
快馬
加鞭
你說瑪麗拋下詹姆士，逃亡到英國？
瑪麗女王被懷疑殺了達恩利勳爵，貴族們群起逼她退位。
瑪麗女王說：「希望女王幫助她回到蘇格蘭。」
您打算怎麼做？
唉呀呀……
遇到了棘手的難題啊。
她來投靠我，總不能趕她走。
塞西爾大人。
喔喔！

是沃辛漢啊！
秘密情報局長官
法蘭西斯・沃辛漢
西班牙和其他天主教的國家想讓瑪麗女王成為英國女王。
有傳聞說，他們要派人來毒殺伊莉莎白女王。
沃辛漢，現在開始你要好好發揮你的情搜能力。
務必保護好女王陛下。
包在我身上。

伊莉莎白女王以監禁的方式，讓瑪麗女王留在英國。
我好歹是女王，卻受到這種待遇……
伊莉莎白太過份了！
哭訴
汪
當時英國北部的天主教勢力強大，
許多貴族都希望恢復天主教。
計畫和瑪麗女王結婚的諾福克公爵與那些人聯手。
這個計畫也傳進了瑪麗女王耳裡。
真的嗎？
終於輪到我當英國女王了！
諾福克公爵!!
你打算和瑪麗結婚對吧！

我才不會允許這種事發生！
你打算賣掉英國對吧！
立刻將諾福克公爵關進倫敦塔！
還有，我要召見北部貴族的諾森伯蘭伯爵和威斯特摩蘭伯爵，快傳令下去！
但北部貴族忽視女王的召見，逕自發動叛亂。
伊莉莎白女王出兵鎮壓叛亂，將叛軍和諾福克公爵處死。
伊莉莎白女王絕不寬恕臣子的背叛。

梵蒂岡教廷
伊莉莎白女王……是不是想要違抗神的旨意。
羅馬教宗 庇護五世
我要為暗殺伊莉莎白女王的人祈福！
太離譜了！羅馬教宗竟然認同暗殺女王陛下。
為了防止陛下被暗殺……不如制定這樣的規範如何？
我提議制定保護女王陛下的協議。
「欲使某人擁有王位而計畫暗殺女王的人，該人物的王位繼承權不予認同，並且處刑。」

激昂
我們要保護女王陛下！
那是當然的！
除了議員，多數的國民都簽署了這份協議。
……瑪麗也簽署了這份協議？
是的。
可見她為了不被懷疑，任何事都做得出來。
唉……這麼做如果能消除瑪麗也有參與陰謀的疑慮就好了……
巴賓頓先生，瑪麗女王現在受到比之前更嚴格的監視。
不過，我們可以把密函藏在酒鋪運往城裡的酒桶，偷偷轉交給她。
你說什麼？

我知道了。趕緊寫信給瑪麗女王。
我去召集天主教的同伴。
我們和西班牙聯手暗殺伊莉莎白女王，
讓瑪麗女王成為英國的女王吧！
天主教信徒
安東尼·巴賓頓
巴賓頓把密函藏在酒鋪運往城裡的酒桶，送到瑪麗女王手中。
喀啦
喀啦
喀啦
然後，瑪麗女王再將回信藏在從城裡運往酒鋪的酒桶，透過這種方式暗中交流。
太好了！
天主教徒正在準備救我出去！
我終於可以……
終於可以離開這裡！

我要寫信為巴賓頓先生他們打打氣！
喀啦
喀啦
喀啦
不過，酒鋪的人私下收了錢，將密函交給沃辛漢的部下。
快馬傳送密函
沃辛漢大人，
這是瑪麗女王寫給巴賓頓的信。
辛苦了！
這下子掌握了關鍵的證據！
派人去逮捕瑪麗女王和她的同謀！

叛徒巴賓頓和他的同夥已被處死，
瑪麗女王被關在佛斯林費堡。
……這樣啊。
現在只等女王陛下簽署瑪麗女王的死刑執行令。
瑪麗是擁有英國王室血統的王族。
不可以將她處死！
我不簽！
陛下!!

處死「王室成員」這種事……
我一定會受到全世界的責難！
更何況，瑪麗還是我的親人啊……！
神啊……
我該怎麼辦才好？
半年後——
把瑪麗的死刑執行令拿來給我。
顫抖
伊莉莎白女王終於——
簽下了瑪麗女王的處死令……

一五八七年
二月八日
神啊……
我將一切交託於祢。

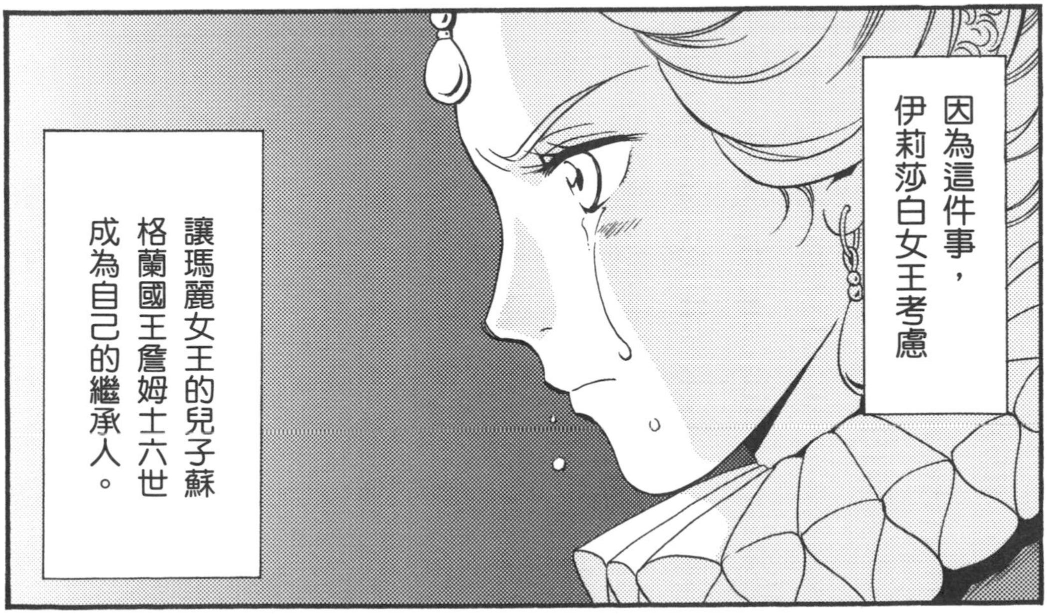
因為這件事，伊莉莎白女王考慮
讓瑪麗女王的兒子蘇格蘭國王詹姆士六世成為自己的繼承人。

第4章　格瑞福蘭海戰

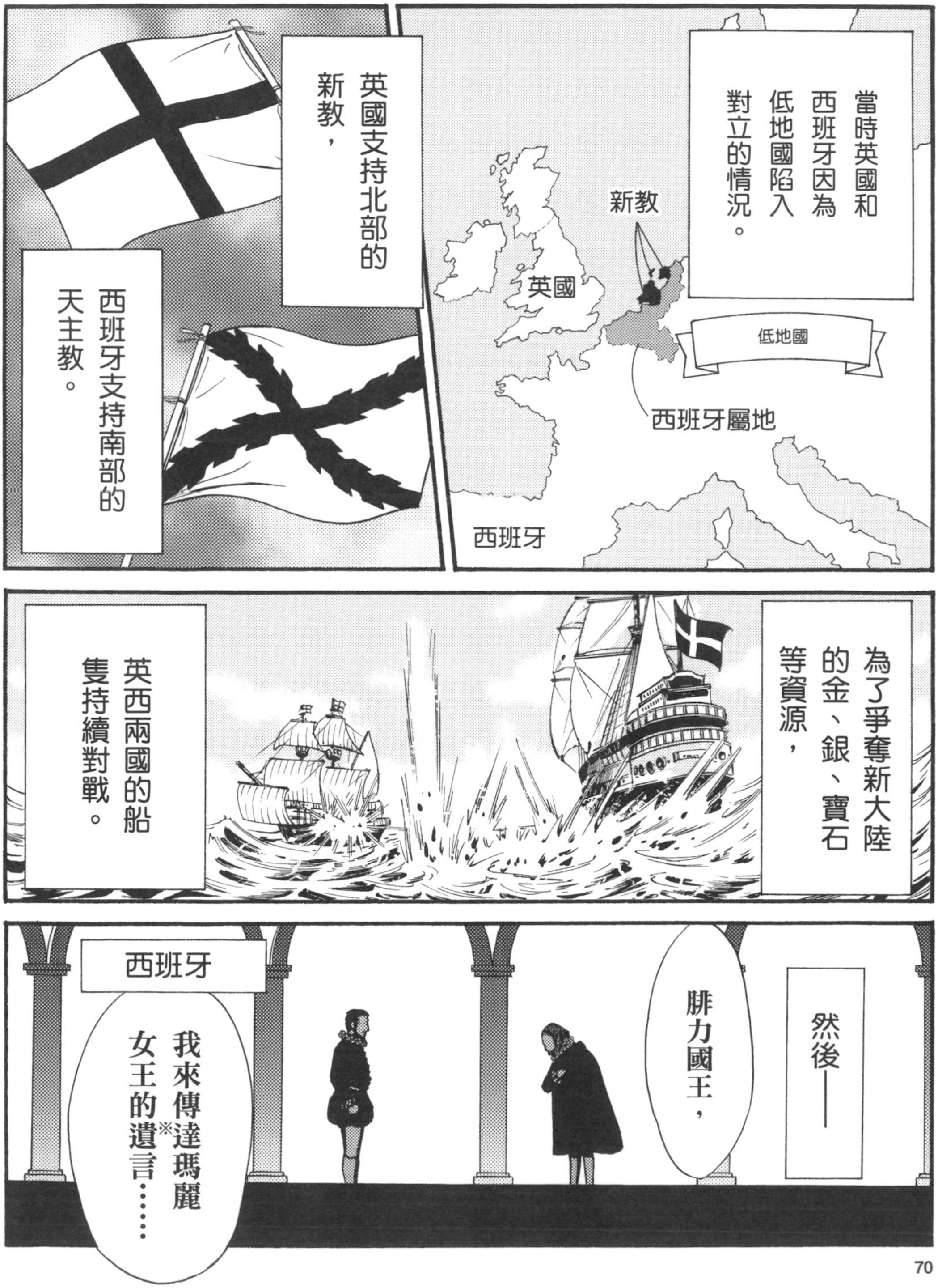
當時英國和西班牙因為低地國陷入對立的情況。
新教
英國
低地國
西班牙屬地
西班牙
英國支持北部的新教，
西班牙支持南部的天主教。
為了爭奪新大陸的金、銀、寶石等資源，
英西兩國的船隻持續對戰。
然後——
腓力國王，
西班牙
我來傳達瑪麗女王的遺言※……

※人在臨終前留下的話或書信。

「吾兒詹姆士若未皈依天主教，蘇格蘭與英國的王位繼承權就交給腓力國王。」——她是這麼交待的。
什麼……！
這是神的指示……
我要成為英國的國王……
把艦隊集合起來！
我們要去攻打英國了!!
衝啊

西班牙艦隊有一三〇艘！
我軍有一四三艘。
不過，我軍大部分是小型船，並非西班牙那種巨大戰艦。
一旦被擊破，西班牙軍就會登陸英國！
別擔心！
大喊
英國有我們在！
推開門
法蘭西斯·德瑞克

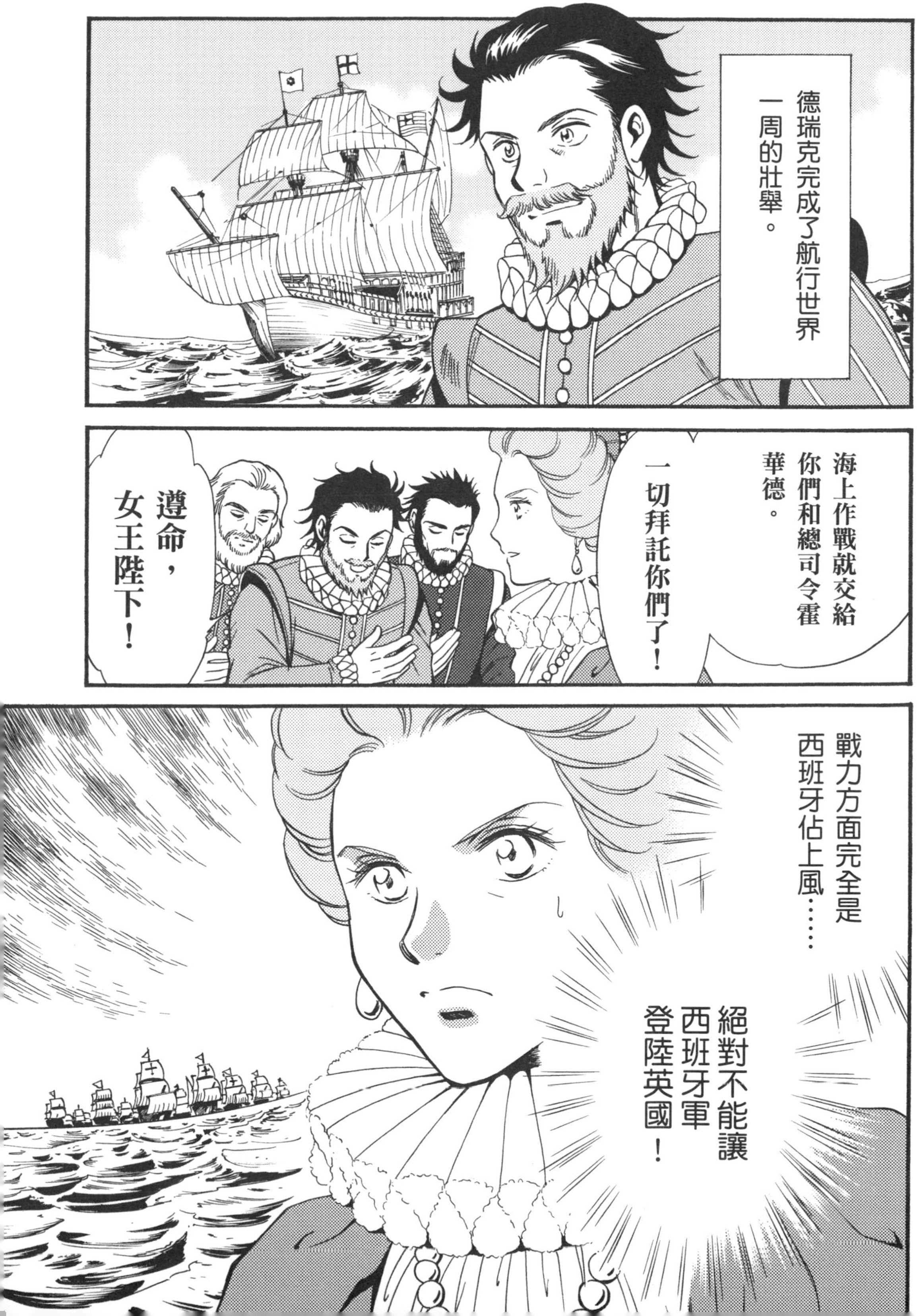
德瑞克完成了航行世界一周的壯舉。
海上作戰就交給你們和總司令霍華德。
一切拜託你們了！
遵命，女王陛下！
戰力方面完全是西班牙佔上風……
絕對不能讓西班牙軍登陸英國！

※連接英國與法國的海峽，又稱多佛海峽。

先穿越英吉利海峽，與低地國的西班牙軍會合。
然後進攻英國，這是西班牙艦隊的盤算。
英軍
倫敦
低地國
普利茅斯
加萊港
英國
無敵艦隊
法國
哼！
兄弟們，讓他們瞧瞧英國船員的厲害！
喔～
！
英軍接近了！

轟～隆
轟～隆
呼～
轟～隆～隆
對方船身大，機動性差！
我軍大砲的射程距離長，用這個破壞他們的陣型！
※砲彈能夠到達的距離。
司令！我們靠近英軍的船了，開戰吧！
近距離作戰才是西班牙的戰法啊!!
因為前任司令猝死，我才接下這個職務。
但我原本是陸軍啊。
海戰的事我根本不懂！
西班牙艦隊司令
梅迪納．西多尼亞
公爵

我軍的目的是與低地國的西班牙軍會合啊！
這是腓力國王的命令！
萬萬不可和英軍開戰！
別再多說，聽從我的命令，
繼續向東前進！
西班牙艦隊依然朝著英吉利海峽前進。
如果他們打算登陸，就會溯泰晤士河，攻入倫敦對吧。
倫敦
提爾伯里平原
泰晤士河
加萊港
我們的陸軍已經在提爾伯里平原集合待命。

塞西爾，幫我準備馬。
蛤？準備馬？
我要去提爾伯里平原！
我也要一起作戰！
伊莉莎白女王前往提爾伯里平原的時候，
西班牙艦隊已經抵達加萊港。
說好要會合的西班牙軍呢？
好像還沒到。
什麼？
這是怎麼一回事！
快傳令下去！

西班牙艦隊以彎月陣的陣型停在加萊港了。
快發動攻擊！趁現在將他們一網打盡！
可是，砲彈已經用完了！
可惡……這是個好機會啊……！
我還有……
一個妙計。
……咦？
那個是什麼啊……？
好像有什麼朝我們靠近。

我的天啊
！
燒起來的船
正往這兒衝過來!!
要撞上了！
快閃開！
拔錨移船!!
哇啊!!

提爾伯里平原
海戰的情況怎麼樣了？
這個嘛～
西班牙軍是不是來了？
吵吵
鬧鬧
這群雜牌軍真的沒問題嗎……
……
回頭
喔喔！大家快看那兒！
欸……
難道是……
提爾伯里司令
萊斯特伯爵

女王陛下!!
女王陛下竟然親自來到這兒！
士兵們大家好！
為了和各位同生死共患難，我來到這裡！

雖然我是一介弱女子，
不過……我還是擁有身為王的氣魄與勇氣！
請你們相信身為王的我所說的話！
堅定信念，神會保佑英國擊潰敵人。
我們將會贏得勝利！
女王陛下!!
士氣大振
女王陛下萬歲！
伊莉莎白女王!!

腳步匆忙
女王陛下！前線捎來傳令！
西班牙艦隊離開加萊港了！目前正在北上!!
遭受火船突襲的西班牙艦隊，船隻在慌亂中互相撞擊，
數艘船因此沉沒。
剩下的艦隊又遇上暴風雨，
總算返回西班牙時，船隻數量只剩一半。

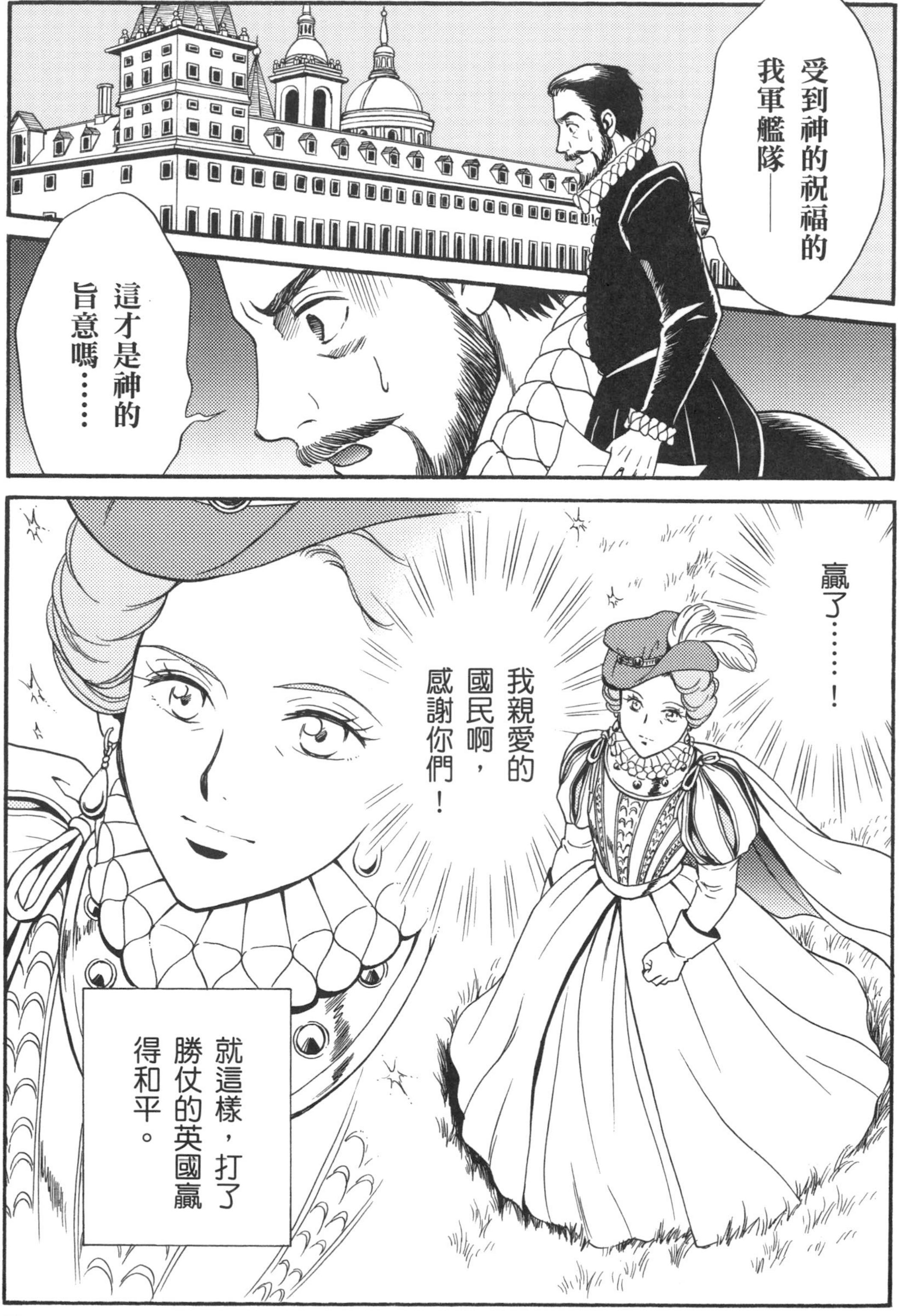
受到神的祝福的我軍艦隊——
這才是神的旨意嗎……
贏了……！
我親愛的國民啊，感謝你們！
就這樣，打了勝仗的英國贏得和平。

第5章　黃金演說

一五八八年
與西班牙艦隊的
戰爭結束後沒多久——
從小就一直支持著伊莉莎
白女王的萊斯特伯爵（羅
伯特・達德利）過世了。
一五九〇年，她
的心腹沃辛漢也
離開人世。
好難過，
覺得好孤單……
陛下，
我有事想說。
塞西爾，
什麼事？

女王陛下，我也已經一把年紀了。
我想，是時候該退休了……
塞西爾！你說什麼？
你是我的「精靈※」啊！
沒有比你更棒的家臣了！
這是我兒子羅伯特，他一定會盡力幫助您，請您放心。
女王陛下，我會全心效忠於您。
羅伯特・塞西爾
羅伯特・塞西爾承襲父職，繼續輔佐伊莉莎白女王。

※伊莉莎白女王對威廉・塞西爾的暱稱。

大雨滂沱
這場雨再不停，作物都要報銷了。
唉~
麵包怎麼賣那麼貴！
我也沒辦法啊！小麥產量變少啦！
今年也歉收。
百姓因為糧食不足，受飢餓所苦。
從國外進口糧食，解決這個難關吧。

然後——
針對「獨占許可權」出現了反彈的聲浪。
怎麼會這樣？
「獨占許可權」是國家給予創辦產業者的權利。
我已經付錢給政府，取得許可了。
所以只有我才能開鐵工廠，你們可別亂來喔！
我想進口葡萄酒，請給我獨占許可權。
沒問題，你要付錢喔。
明明是一石二鳥的方法，他們為何反對？
我去調查看看。

※國民代表執行事務的議會。

※下議院議會
商品的價格居高不下，就是因為獨占許可權不是嗎？
獨占特定商品的販賣，這麼一來就沒有競爭對手啦！
而且女王陛下不斷把國家的稅金賞給她中意的家臣，對吧！
辛苦了！我要好好慰勞你。
這些是酒稅的10%，賞給你。
多謝女王的恩賜！

塞西爾大人對這件事是怎麼想的？
議長！請別那麼激動。
這次的議會是討論軍事費用……
比起那件事，應該先處理獨占許可權吧！
怒吼
群情激憤
對啊！對啊！
這攸關國民的生活欸!!
搞什麼啊！
現在是鹽和煤炭，接下來連麵包也要獨占嗎？
就算被罵也無所謂……
我去見女王陛下當面拜託她！
加油

議員們說有事想直接向陛下稟報……
我知道了。現在就過去吧。
陛下！
這或許是我的最後一次議會了。

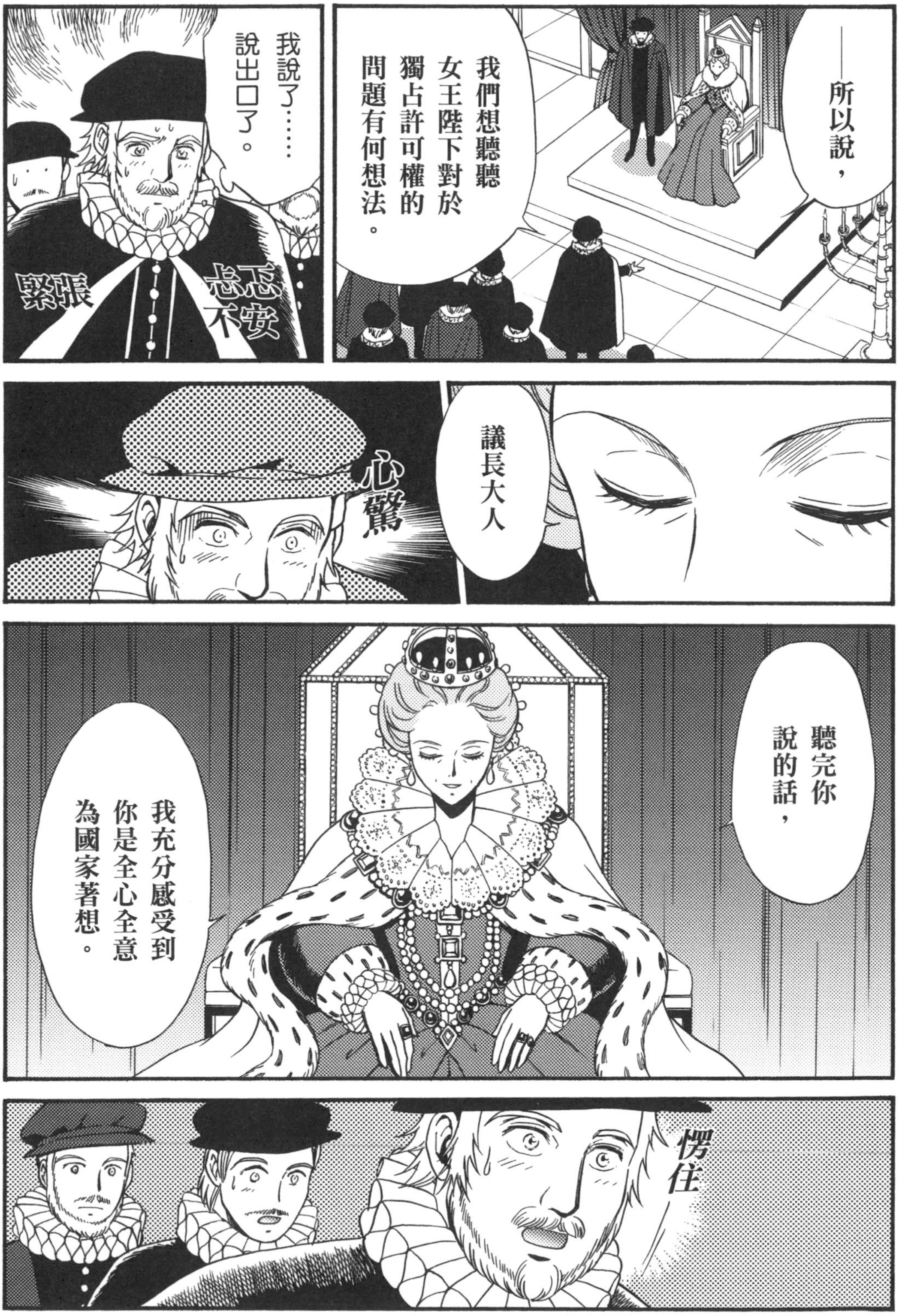
──所以說，
我們想聽聽女王陛下對於獨占許可權的問題有何想法。
我說了……說出口了。
忐忑不安
緊張
議長大人
心驚
聽完你說的話，
我充分感受到你是全心全意為國家著想。
愣住

立刻廢止目前數種商品的獨占許可權，
至於其他商品，也重新進行詳細的調查吧。
！
女王陛下!!
國民的愛超越所有昂貴的寶石。
比起任何財富或寶物，我更珍惜國民的愛。

在神的旨意下，
我成為英國的女王，
可是對我來說，
唯有獲得
各位的愛，
才是
我的榮耀。
所以，我不會
做出違背民意
的事。
那是我身為
女王的義務。
感謝你說出獨占許可
權的問題，讓我了解
到事情的嚴重性。

若不能成為造福國民的女王，
我不想長命百歲，也不願再統治這個國家。

女王陛下！
陛下!!
感動
說得太好了！陛下，
您果然是最棒的君主。
伊莉莎白女王遵守了承諾。
歡呼
這場演說被譽為「黃金演說」，不斷地被人們傳頌。
感謝您

前幾天陛下的演說真是令人感動。
愛爾蘭的叛亂也總算告一段落。
再來得解決繼承人的問題……
塞西爾大人，陛下是否提過繼承人的事？
呃……沒有，這事我不清楚……
伊莉莎白女王仍未公開指定王位繼承人。
現在公開的話，一定會出現反對者。
陛下就是知道會發生那種事才不說的吧……

有些人很煩，一直催我趕快指定繼承人。
我怎麼可能沒在思考這件事，真是的！
我心中的人選是王室當中最令人意想不到的人。
難道是……
蘇格蘭的詹姆士國王嗎？
沒錯，這件事你知道就好。
塞西爾暗中和詹姆士取得聯繫，
做好一切準備，讓詹姆士將來能夠順利成為繼承人。

一六〇三年
凱薩琳！
別走！凱薩琳!!
伊莉莎白女王的侍女，同時也是好友的伯爵夫人過世了。
陛下的身體不舒服，看樣子應該無法處理公務……
身邊的人過世了，陛下肯定很難受……
伊莉莎白女王傷心到吃不下，也拒絕吃藥。
日復一日，陷入沉思……

陛下……您只要吃點東西，身體很快就會康復。
求求您……
主教，請別這樣。
您不能命令君主啊……
我想就這樣靜靜地到天國去……
塞西爾……
……替我轉告下一任英王詹姆士……
要讓英國和蘇格蘭合為一體。
是的，陛下……

一六〇三年
三月二十四日
伊莉莎白女王
與世長辭。

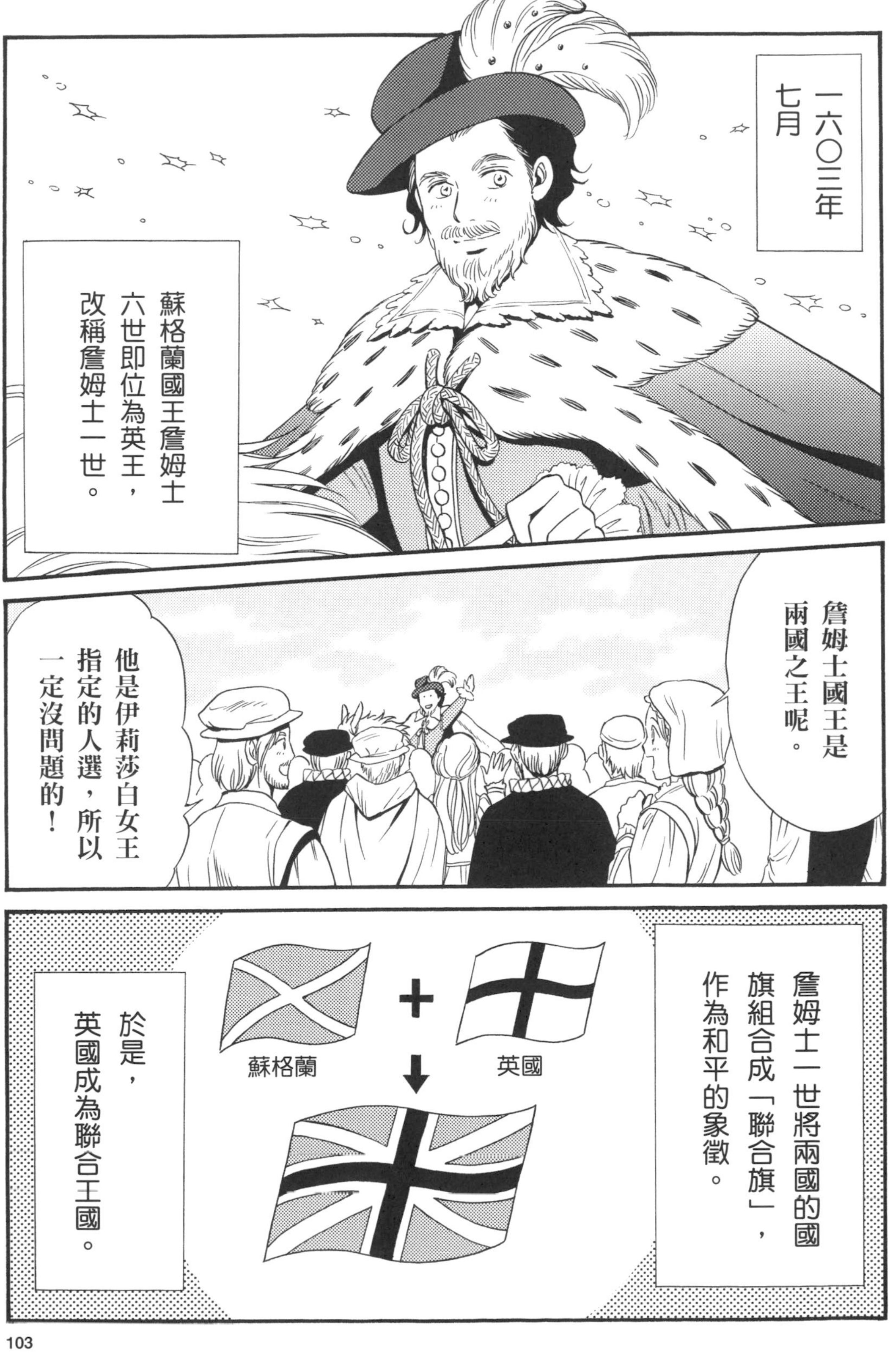
一六〇三年七月
蘇格蘭國王詹姆士六世即位為英王，改稱詹姆士一世。
詹姆士國王是兩國之王呢。
他是伊莉莎白女王指定的人選，所以一定沒問題的！
詹姆士一世將兩國的國旗組合成「聯合旗」，作為和平的象徵。
英國
蘇格蘭
於是，英國成為聯合王國。

儘管身為女性卻終身未婚，身為英國國王的她致力於國民的幸福，奉獻一生——
伊莉莎白成為名留青史的偉大女王。

Queen Elizabeth I

增長見聞的學習教室

- 進一步認識伊莉莎白女王一世
- 伊莉莎白女王一世生活的時代
- 參考文獻

進一步認識 伊莉莎白女王一世

基礎知識解說

英國的四個地區

在伊莉莎白女王一世的時代，英國只有英格蘭和威爾斯，現在則是由英格蘭、威爾斯、蘇格蘭和北愛爾蘭組成的聯合王國。接下來為各位介紹四個地區的特徵。

英格蘭

位居英國核心的英格蘭，是代代擔任聯合王國元首的英國王室所在地。王室成員定居於英格蘭首都，也是英國首都倫敦的白金漢宮，這裡是受到世界注目的英國經濟中心。

英格蘭的哈特菲爾德莊園，伊莉莎白一世在此度過童年時光。

隸屬英國的四個地區與愛爾蘭

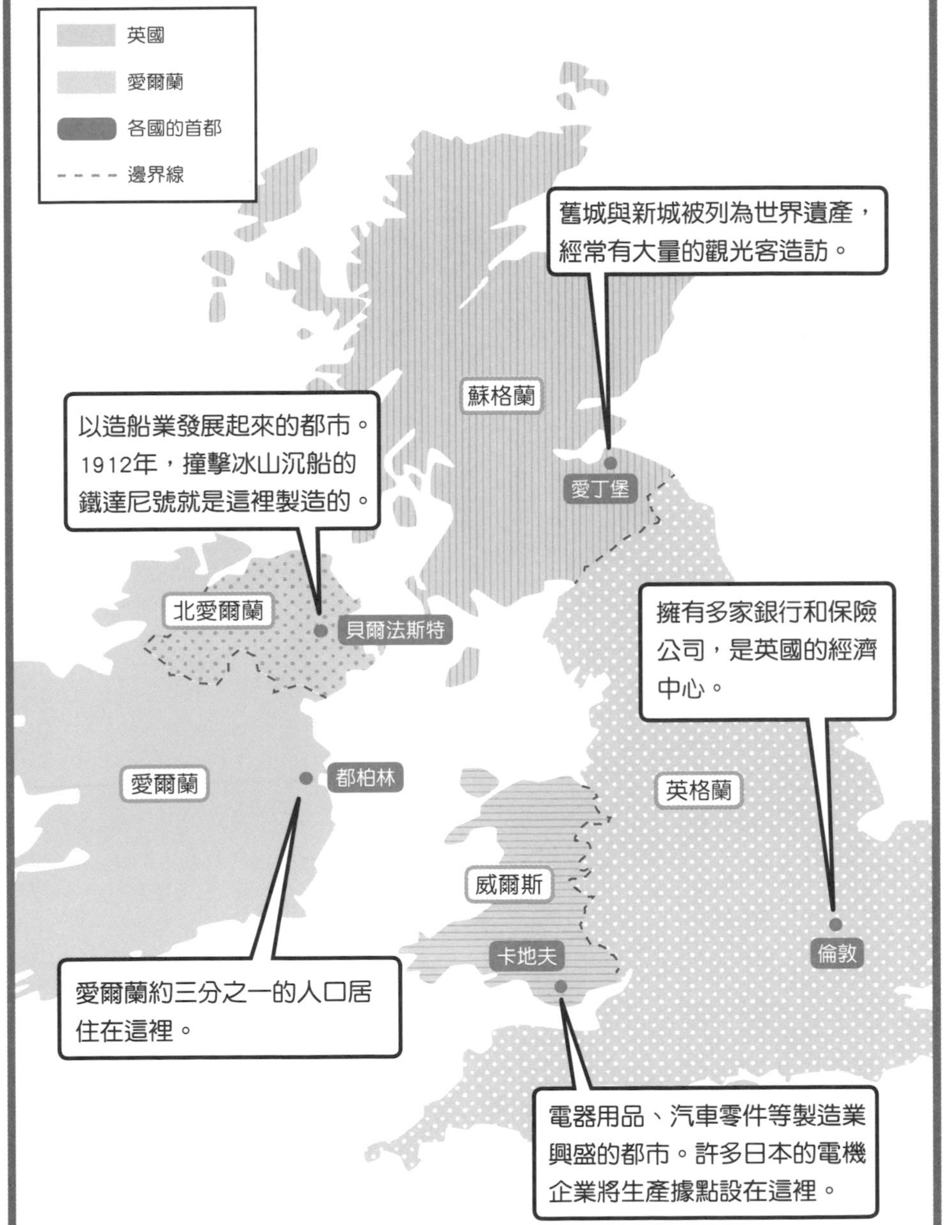
英國
愛爾蘭
各國的首都
邊界線
舊城與新城被列為世界遺產，經常有大量的觀光客造訪。
蘇格蘭
愛丁堡
以造船業發展起來的都市。1912年，撞擊冰山沉船的鐵達尼號就是這裡製造的。
北愛爾蘭
貝爾法斯特
擁有多家銀行和保險公司，是英國的經濟中心。
愛爾蘭
都柏林
英格蘭
威爾斯
卡地夫
倫敦
愛爾蘭約三分之一的人口居住在這裡。
電器用品、汽車零件等製造業興盛的都市。許多日本的電機企業將生產據點設在這裡。

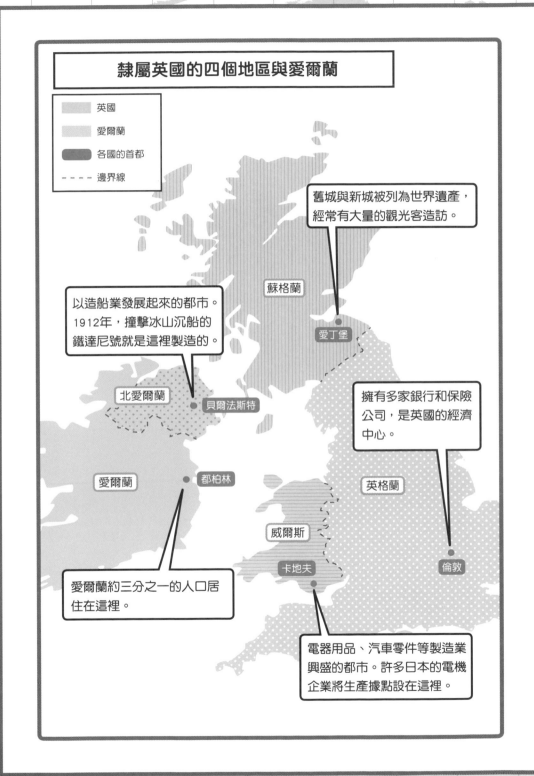

威爾斯

威爾斯運用緩坡丘陵地形，蓬勃發展綿羊農場，當地人飼養了食用與繁殖用的綿羊，以維持生計。

蘇格蘭

一九六〇年後期，在蘇格蘭東部的北海挖掘出石油，讓英國獲得了石油資源。面向北海的亞伯丁市因此成為支撐石油產業的重要基地。

北愛爾蘭

一九二一年，愛爾蘭脫離英國而獨立，剩下北部的六個州仍受到英國統治。雖然有些不願被統治的人也希望獨立，但在英國成立北愛爾蘭自治政府後，反彈聲浪就平息了。

建造於北海，用來挖掘石油的機械。

©Erik Christensen

基礎知識
解說

始於大航海時代的霸權爭奪

十五世紀至十六世紀，歐洲各國為了進軍海外，紛紛展開大航行。不過，國與國之間的接觸增加，也成為引發戰爭的開端。

西班牙

一四九二年，哥倫布以亞洲貿易路線為目標，從西班牙出發，向西航行，結果卻發現了美洲大陸。西班牙掌握大西洋航線後，在美洲大陸建立殖民地，從祕魯、巴西採掘到的銀礦造就了西班牙的黃金時代。為了開拓貿易路線，西班牙和擁有航線支配權的國家戰爭，不斷地擴大勢力。後來更因前進地中海，以及腓力二世兼任葡萄牙國王，使西班牙成為歐洲第一大國，加劇與其他國家的競爭。

腓力二世

（1527 年生～ 1598 年歿）

西班牙國王腓力二世是神聖羅馬帝國皇帝查理五世（西班牙國王卡洛斯一世）的兒子。26歲時，與英格蘭女王瑪麗一世結婚，但兩人未生下子嗣。2年後，腓力二世即位為西班牙國王。他讓西班牙成為大國，締造出黃金時代。

葡萄牙

葡萄牙在一四八八年抵達非洲大陸最南端的好望角，十年後，探險家瓦斯科．達伽馬（Vasco da Gama）從印度帶回辛香料，促成了歐洲與亞洲的貿易。儘管葡萄牙積極從事亞洲貿易，卻因為一五八〇年國王過世前沒有指定繼承人，於是由鎖定亞洲的腓力二世繼承王位，葡萄牙的亞洲航線因此被西班牙支配。

英國

在格瑞福蘭海戰打敗西班牙，抓住進軍海外的良機。一六〇〇年，伊莉莎白一世為了獲得當時被當作高價商品交易的亞洲辛香料，創立了可以獨占亞洲貿易的「東印度公司」。從日本等東南亞國家進口生絲、砂糖等貨物，並且出口毛織物，擴展亞洲的貿易線。

格瑞福蘭海戰是一五八八年在西班牙與英國之間爆發的戰爭。雖然英國的小型船多，戰力不佳，但運用飛行距離遠的大砲和奇策，最終擊退了西班牙的無敵艦隊。

低地國
（歐洲西北沿海地區的稱呼，廣義包括荷蘭、比利時、盧森堡，以及法國北部與德國西部，狹義上僅指荷蘭、比利時、盧森堡三國，合稱「比荷盧」。）

以發展毛織物業為主的低地國，起初受到西班牙統治。在英國的幫助下，於一五八一年宣布獨立為荷蘭共和國。商業、造船業興盛的低地國，立刻造船進軍海外。一六〇〇年，派商船前往日本，透過貿易加深交流。

法國

因為內戰的影響，在歐洲國家當中，法國比較晚才開始發展貿易。好不容易結束戰爭時，預見亞洲貿易的盛行，繼英國、低地國之後，在一六〇四年創立了「法國東印度公司」。

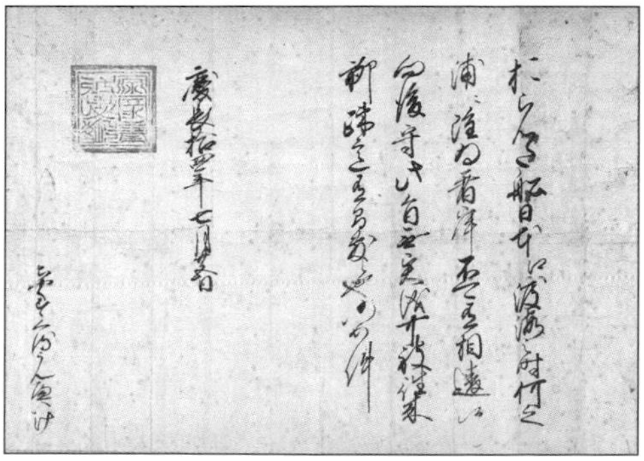

德川家康允許低地國與日本進行貿易的朱印狀（蓋上朱印的許可證）。

基礎知識 解說

十六世紀的英國王室與議會

在十六世紀，是由英國王室與代表國民的議員負責施行政治。那麼，英國王室和議會各自扮演怎樣的角色呢？

伊莉莎白一世與英國王室

伊莉莎白一世的時代始於她的祖父——都鐸王朝的亨利七世。亨利七世建立了君主專制的政治體制，將王位交給伊莉莎白一世的父親亨利八世。後來，愛德華六世、瑪麗一世、伊莉莎白一世相繼即位，英國不斷蓬勃發展。伊莉莎白一世終身未婚，為了國民完成王室治理國家的義務。

公主（Princess）和女爵（Lady）的差異

伊莉莎白小時候曾被稱為「伊莉莎白女爵」。女爵在英國王室是指沒有王位繼承權的王女，擁有王位繼承權的王女稱為公主。

伊莉莎白一世與議會

議會是由英國國王召開的行政會議。當時的議會除了女王和貴族，還有一群名為「鄉紳」的地方地主。伊莉莎白一世積極地讓優秀的鄉紳參與政治，聽取貴族與鄉紳的意見。

英國議會

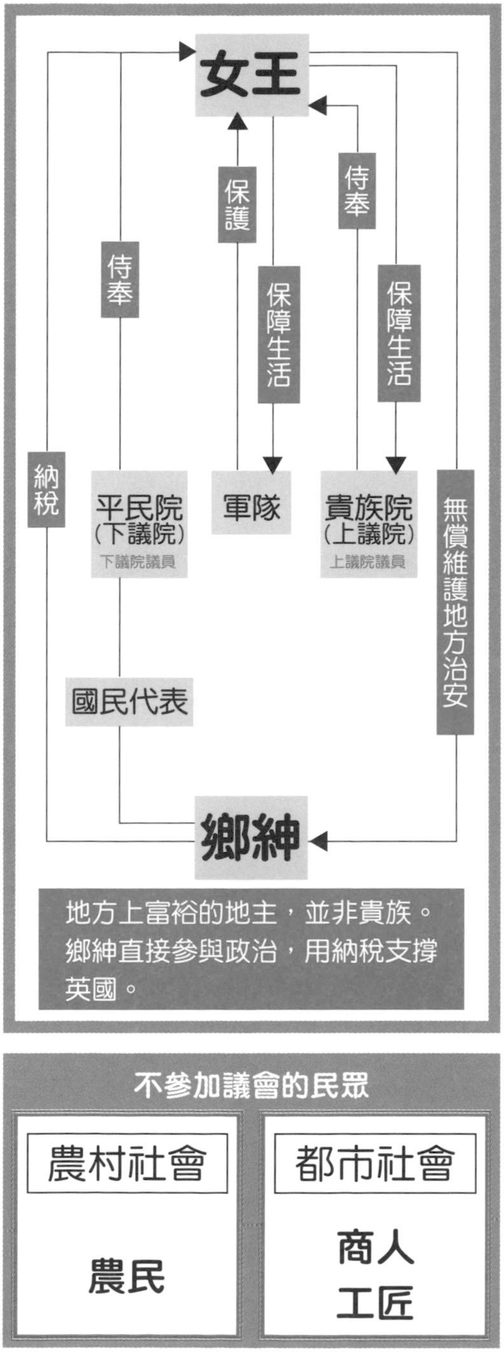

女王
保護
保障生活
侍奉
保障生活
侍奉
納稅
平民院
（下議院）
下議院議員
軍隊
貴族院
（上議院）
上議院議員
無償維護地方治安
國民代表
鄉紳
地方上富裕的地主，並非貴族。鄉紳直接參與政治，用納稅支撐英國。
不參加議會的民眾
農村社會
農民
都市社會
商人
工匠

紳士的由來

用來稱呼男性的紳士，源自於「鄉紳」。鄉紳不是貴族，但多為擁有高度教養的人，於是成為溫文儒雅的男性代名詞。

基礎知識解說

伊莉莎白一世面臨的問題

宗教與王位繼承是伊莉莎白一世困擾多年的兩大問題。

羅馬天主教與英國國教會

當時歐洲信仰的基督教分為兩派，由羅馬教宗主導的羅馬天主教，以及信奉《聖經》的新教。後來出現結合了羅馬天主教儀式與新教教義的英國獨創教會，也就是由英王主導的英國國教會。

將伊莉莎白一世逐出羅馬天主教的教宗庇護五世。

英國的新教

要求英國國教會進行改革的新教被稱為清教徒。一六四二年，清教徒對當時英國君主專制的政治體制感到不滿，爆發內亂。清教徒的首領奧立佛．克倫威爾（Oliver Cromwell）擊敗國王，斬殺了查理一世，建立以民意施行政治的共和制。不過，克倫威爾死後，一六六〇年再度恢復君主制。

英國國教會主張，即使信仰的神相同，信仰方式也不一定要相同，每個人可以自由選擇，讓國民可依自己的想法來從事信仰。

王室血統與王位繼承問題

蘇格蘭女王瑪麗一世（亦稱瑪麗・斯圖亞特）是英國王室的血脈，擁有英國的王位繼承權。雖然英國王室代代皆是男性國王，但並沒有規定女性不能登基，因此可以主張王位繼承權。

瑪麗一世的祖母瑪格麗特是英國王室亨利七世的女兒，於是瑪麗一世提出自己也有成為英王的權利。後來她因為和西班牙聯手，密謀暗殺伊莉莎白一世，被當作危險人物遭到斬首。

重視王室血脈的伊莉莎白一世指定瑪麗一世的兒子詹姆士一世成為繼承人，保留了英國王室的血統。

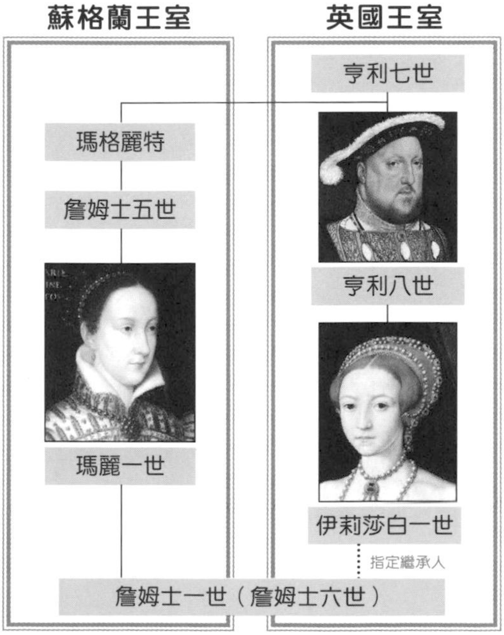
蘇格蘭王室
英國王室
亨利七世
瑪格麗特
詹姆士五世
亨利八世
瑪麗一世
伊莉莎白一世
指定繼承人
詹姆士一世（詹姆士六世）

詹姆士一世
（1566 年生～ 1625 年歿）

瑪麗一世的兒子。出生八個月後即成為蘇格蘭國王。伊莉莎白一世過世後，繼位成為英王，將兩國合併為聯合王國。

基礎知識解說

支持伊莉莎白一世的人們

伊莉莎白一世身邊有許多優秀的家臣，她在政治上有出色的表現，這些人功不可沒。

威廉・塞西爾（William Cecil） 生於1520年 卒於1598年

輔佐伊莉莎白一世長達四十年，鄉紳出身的心腹，擔任諮詢意見的國務大臣。

伊莉莎白一世暱稱塞西爾為「我的精靈」，深切信賴著他。他的兒子羅伯特也成為伊莉莎白一世的家臣，父子皆為英國盡心盡力。

托馬斯・格雷沙姆（Thomas Gresham） 生於1519年 卒於1579年

羅伯特・達德利（Robert Dudley）1532年生，1588年歿

伊莉莎白一世的青梅竹馬，彼此交情深厚，甚至有傳言他是伊莉莎白一世的心上人。又稱萊斯特伯爵，常伴伊莉莎白一世身旁。

塞西爾的朋友，負責管理國內金流，同為女王心腹。他致力於國內的經濟發展，淘汰英國流通的劣質錢幣，重製品質好的錢幣。一五六六年，設立能夠自由買賣食物、衣物等商品的交易所。

法蘭西斯・沃辛漢（Francis Walsingham）

生於1532年
卒於1590年

女王親信，擅長蒐集情報，屢次揭露暗殺伊莉莎白一世的計畫。為了保護伊莉莎白一世，派遣間諜至國內外各地，隨時掌握情報。一五七七年被封爵，為伊莉莎白一世鏟除了不少敵人。

法蘭西斯・德瑞克（Francis Drake）

生於1543年
卒於1596年

獲得伊莉莎白一世認可的海盜，令西班牙人畏懼，稱其為「龍」。他是繼葡萄牙的麥哲倫之後，成功航行世界一周的水手。被封爵之後，在格瑞福蘭海戰表現優異，帶領英國贏得勝利。

威廉・塞西爾

托馬斯・格雷沙姆

法蘭西斯・沃辛漢

法蘭西斯・德瑞克

基礎知識
解說

英國出身的偉人

十六世紀至十七世紀，英國的文化與科學發達。在此介紹兩位名留後世的偉人。

威廉．莎士比亞（William Shakespeare）

生於1564年
卒於1616年

伊莉莎白一世時代最具代表性的劇作家，出生於倫敦西北方亞芬河畔的史特拉福集鎮。一五九〇年左右，開始積極撰寫劇本，一五九五年發表了代表作《羅密歐與茱莉葉》，此作是莎士比亞作品中以悲劇收場的系列。另外還有知名的四大悲劇《哈姆雷特》、《馬克白》、《奧賽羅》、《李爾王》。

英國仍保留莎士比亞的老家，現已成為觀光景點。

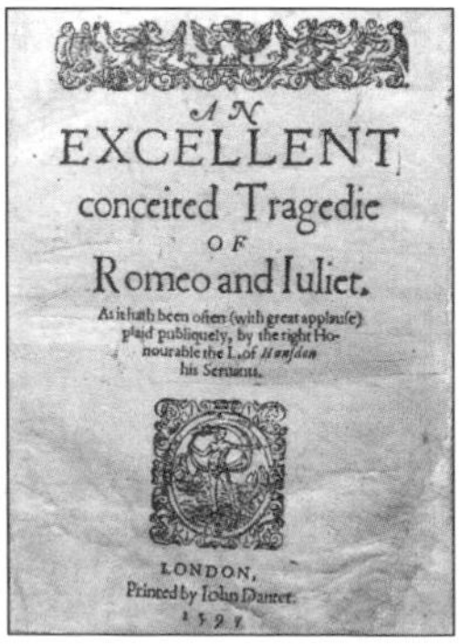

AN
EXCELLENT
conceited Tragedie
OF
Romeo and Iuliet.
As it hath been often (with great applause) plaid publiquely, by the right Honourable the L. of Hunsdon his Seruants.
LONDON,
Printed by Iohn Danter.
1597.

《羅密歐與茱麗葉》的劇本封面。

他也留下了《威尼斯商人》、《皆大歡喜》等多部喜劇作品。莎士比亞的作品至今仍在全球獲得高度評價，廣受喜愛。

艾薩克・牛頓（Isaac Newton）

生於1643年
卒於1727年

畢業於英國名校劍橋大學三一學院的偉大物理學家。他在一六六五年發現的「萬有引力定律」可說是一大功績，證明了所有物體都受到地球引力吸引。據說牛頓是在家中院子看到樹上的蘋果掉落而發現這個定律。英國至今仍保留著這棵蘋果樹。

牛頓和伊莉莎白一世一樣，終身未婚。

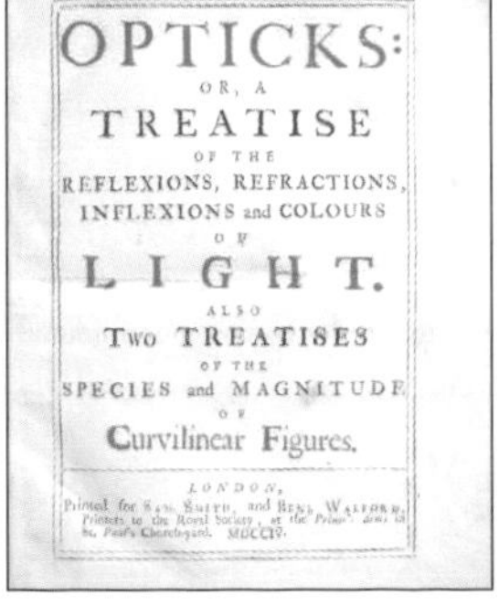

OPTICKS:
OR, A
TREATISE
OF THE
REFLEXIONS, REFRACTIONS,
INFLEXIONS and COLOURS
OF
LIGHT.
ALSO
Two TREATISES
OF THE
SPECIES and MAGNITUDE
OF
Curvilinear Figures.

LONDON,

牛頓著作《光學》的封面，內容提到他發現的光粒子理論。

基礎知識

年表

伊莉莎白女王一世 生活的時代

查詢年表的方法
年齡以當年的足歲表示。

西曆	年齡	伊莉莎白一世的生涯	世界與日本的重要事件
1533年		誕生於英國，是英國國王亨利八世與第二任王后安妮・博林的女兒。	
1534年	1歲	成立英國國教會。	創立耶穌會。
1536年	3歲	母親安妮・博林以莫須有的罪名被處死，伊莉莎白一世的王位繼承權被剝奪。亨利八世與第三任王后珍・西摩再婚。	
1537年	4歲	弟弟愛德華六世出生。第三任王后珍・西摩過世。	
1542年	9歲	蘇格蘭公主瑪麗一世（瑪麗・斯圖亞特）出生。	

年份	年齡	事件	
1543年	10歲	亨利八世與第六任王后凱薩琳・帕爾再婚。 伊莉莎白一世恢復王位繼承權。	鐵炮（火繩槍）自葡萄牙傳入日本。
1547年	14歲	亨利八世過世。 弟弟愛德華六世即位。	
1548年	15歲	在哈特菲爾德莊園接受菁英教育。	
1553年	20歲	七月六日，愛德華六世過世。 十月一日，姊姊瑪麗一世即位。	爆發川中島之戰（日本戰國時代武田信玄與上杉謙信在川中島地區進行五次大小戰役的總稱）。
1554年	21歲	托馬斯・懷亞特發動叛變，伊莉莎白一世被當作共犯幽禁在倫敦塔。 七月二十日，英國女王瑪麗一世與西班牙王子腓力二世結婚。	
1556年	23歲	瑪麗一世的丈夫腓力二世為了繼承王位，回到西班牙。	

西曆	年齡	伊莉莎白一世的生涯	世界與日本的重要事件
1557年	24歲	向法國宣戰。	
1558年	25歲	失去在法國的英國領地加萊港。 瑪麗一世過世，伊莉莎白一世即位成為英國女王。 蘇格蘭公主瑪麗一世（瑪麗・斯圖亞特）與法國王子法蘭索瓦二世結婚。	
1559年	26歲	一月十五日，在西敏寺舉行加冕禮。 發生宗教改革，英國國教會復興。	
1560年	27歲	為了穩定國內經濟，改良鑄幣技術，發行新幣。 與蘇格蘭締結愛丁堡條約。	爆發桶狹間之戰（今川義元率軍攻入尾張國），被織田信長領軍奇襲陣亡。
1561年	28歲	瑪麗一世回到蘇格蘭。	

年份	年齡	事件	世界大事
1562年	29歲	罹患天花，徘徊生死關頭。	
1565年	32歲	反對瑪麗一世與達恩利勳爵（亨利・斯圖亞特）結婚。	
1566年	33歲	詹姆士六世（之後的詹姆士一世）出生。 商人托馬斯・格雷沙姆在倫敦設立皇家交易所。	
1568年	35歲	囚禁瑪麗一世。	
1569年	36歲	英國北部發生叛變。	
1570年	37歲	鎮壓英國北部的叛變。 教宗庇護五世將伊莉莎白一世逐出羅馬天主教。	
1571年	38歲	威廉・塞西爾成為柏利勳爵。	長崎港開港。 西班牙與鄂圖曼帝國之間爆發勒班陀海戰。

西曆	年齡	伊莉莎白一世的生涯	世界與日本的重要事件
1573年	40歲	任命法蘭西斯・沃辛漢為國務大臣。	室町幕府滅亡。
1577年	44歲	法蘭西斯・德瑞克出海航行世界一周。與低地國結為同盟。	
1579年	46歲	托馬斯・格雷沙姆過世。	
1580年	47歲	結束航行世界一周的法蘭西斯・德瑞克獻上金銀財寶。授予法蘭西斯・德瑞克皇家爵士的頭銜。	
1586年	53歲	發生伊莉莎白女王的暗殺計畫「巴賓頓陰謀」。	
1587年	54歲	二月八日，處死瑪麗一世。	
1588年	55歲	親赴提爾伯里平原，發表演說勉勵英軍。在格瑞福蘭海戰中擊敗西班牙無敵艦隊。羅伯特・達德利過世。	

年	年齡	事件	日本
1590年	57歲	法蘭西斯・沃辛漢過世。	豐臣秀吉統一天下。
1594年	61歲	愛爾蘭發生叛變。國內的米、麥等作物歉收，物價飆漲。	
1596年	63歲	法蘭西斯・德瑞克過世。任命羅伯特・塞西爾為國務大臣。	
1598年	65歲	西班牙國王腓力二世過世。威廉・塞西爾過世。	
1600年	67歲	創立東印度公司。	爆發關原之戰（石田三成率領的西軍和德川家康率領的東軍，進行決定天下去向的戰役）。
1601年	68歲	發表「黃金演說」。	
1603年	70歲	三月二十四日，身體狀況惡化，逝世。蘇格蘭國王詹姆士六世即位為英國國王詹姆士一世，英格蘭與蘇格蘭成為共主邦聯的聯合王國。	

參考文獻

《圖解　伊莉莎白一世》
石井美樹子著／河出書房新社
《圖解　歐洲的王妃》
石井美樹子著／河出書房新社
《圖解　英國王室》
石井美樹子著／河出書房新社
《圖解　都鐸王朝的歷史》
水井萬里子著／河出書房新社
《圖解　倫敦塔與英國王室的九百年》
出口保夫著／柏書房
《美女的西洋美術史　肖像畫的故事》
木村泰司著／光文社
《伊莉莎白一世　大英帝國的揭幕》
青木道彥著／講談社
《詳解歐洲的古城宮殿》
桐生操監修／PHP研究所
《少年少女　世界歷史⑥　英國史故事》
別枝達夫著／AKANE書房
《英國國民的歷史　續》
J・R・Green著、和田勇一譯／篠崎書林
《漫步地球　英國　2011～2012年版》
Diamond社
《漫步地球　愛爾蘭　2009～2010年版》
Diamond社
《體驗採訪！世界各國23　英國》
渡邊一夫著、田口知子監修／POPLAR社

野人文化
讀者回函卡

書　名 ______________________________

姓　名 ______________________ □女 □男 年齡 ______

地　址 ______________________________

____

電　話 ______________________ 手機 ______________________

Email ______________________________

□同意 □不同意 收到野人文化新書電子報

學　歷 □國中(含以下) □高中職 □大專 □研究所以上
職　業 □生產/製造 □金融/商業 □傳播/廣告 □軍警/公務員
□教育/文化 □旅遊/運輸 □醫療/保健 □仲介/服務
□學生 □自由/家管 □其他

◆你從何處知道此書？
□書店：名稱 ______________ □網路：名稱 ______________
□量販店：名稱 ______________ □其他 ______________

◆你以何種方式購買本書？
□誠品書店 □誠品網路書店 □金石堂書店 □金石堂網路書店
□博客來網路書店 □其他 ______________

◆你的閱讀習慣：
□親子教養 □文學 □翻譯小說 □日文小說 □華文小說 □藝術設計
□人文社科 □自然科學 □商業理財 □宗教哲學 □心理勵志
□休閒生活（旅遊、瘦身、美容、園藝等） □手工藝／ DIY □飲食／食譜
□健康養生 □兩性 □圖文書／漫畫 □其他 ________

◆你對本書的評價：（請填代號，1. 非常滿意　2. 滿意　3. 尚可　4. 待改進）
書名 _____ 封面設計 _____ 版面編排 _____ 印刷 _____ 內容 _____
整體評價 _____

◆你對本書的建議：

____

____

____

____

野人文化部落格 http://yeren.pixnet.net/blog
野人文化粉絲專頁 http://www.facebook.com/yerenpublish

廣　告　回　函
板橋郵政管理局登記證
板 橋 廣 字 第 143 號

郵資已付　免貼郵票

23141
新北市新店區民權路108-2號9樓
野人文化股份有限公司 收

請沿線撕下對折寄回

野人

書號：0NNC1037

小野人37

漫畫版 世界偉人傳記 ⑦

伊莉莎白女王一世

漫　畫　迎夏生
監　修　石井美樹子
譯　者　連雪雅

野人文化股份有限公司
社　長　張瑩瑩
總編輯　蔡麗真
主　編　蔡欣育
責任編輯　王智群
封面設計　周家瑤
內頁排版　菩薩蠻數位文化有限公司
行銷企劃　林麗紅

讀書共和國出版集團
社　長　郭重興
發行人兼出版總監　曾大福
業務平臺總經理　李雪麗
業務平臺副總經理　李復民
實體通路協理　林詩富
網路暨海外通路協理　張鑫峰
特販通路協理　陳綺瑩
印　務　黃禮賢、李孟儒

出　版　野人文化股份有限公司
發　行　遠足文化事業股份有限公司
地址：231 新北市新店區民權路 108-2 號 9 樓
電話：（02）2218-1417　傳真：（02）8667-1065
電子信箱：service@bookrep.com.tw
網址：www.bookrep.com.tw
郵撥帳號：19504465 遠足文化事業股份有限公司
客服專線：0800-221-029
法律顧問　華洋法律事務所　蘇文生律師
印　製　成陽印刷股份有限公司
初　版　2020 年 11 月

歡迎團體訂購，另有優惠，請洽業務部（02）22181417 分機 1124、1135

國家圖書館出版品預行編目 (CIP) 資料

漫畫版世界偉人傳記. 7, 膽識!伊莉莎白女王一世(締造日不落帝國的榮光女王) / 迎夏生漫畫 ; 連雪雅譯. -- 初版. -- 新北市 : 野人文化出版 : 遠足文化發行, 2020.11
面 ;　公分. -- (小野人 ; 37)
譯自 : コミック版 世界の伝記 エリザベス女王1世
ISBN 978-986-384-446-4(精裝)

1.伊莉莎白一世(Elizabeth I, Queen of England, 1533-1603) 2.傳記 3.漫畫

781.08　　109010052

野人文化官方網頁

野人文化讀者回函

您的寶貴意見，將是我們進步的最大動力。

英國的全體國民

比起我的孩子，

這是神賜予的奇蹟，
在我們眼前
發生了驚人的事。

對我來說，
比起世上
任何事物，
只有
國民的關愛